Como distinguir um bajulador de um amigo

Dados Internacionais de Catalogação na Publicação (CIP)
(Câmara Brasileira do Livro, SP, Brasil)

Plutarco, ca. 45-ca. 125
  Como distinguir um bajulador de um amigo /
Plutarco ; tradução Vinicius Chichurra. – Petrópolis, RJ :
Vozes, 2023. – (Coleção Vozes de Bolso)

  Título original: Tradução do original em grego.
  Bibliografia.
  ISBN 978-65-5713-895-3
  1. Ética – Obras anteriores a 1800 I. Título II. Série.

22-138542   CDD-170

Índices para catálogo sistemático:
1. Ética : Filosofia   170
Inajara Pires de Souza – Bibliotecária – CRB PR-001652/O

Plutarco

Como distinguir um bajulador de um amigo

Tradução de Vinícius Chichurra

Vozes de Bolso

Tradução realizada a partir do original em grego intitulado
Περι του ακουειν

© desta tradução:
2023, Editora Vozes Ltda.
Rua Frei Luís, 100
25689-900 Petrópolis, RJ
www.vozes.com.br
Brasil

Todos os direitos reservados. Nenhuma parte desta obra
poderá ser reproduzida ou transmitida por qualquer forma
e/ou quaisquer meios (eletrônico ou mecânico, incluindo
fotocópia e gravação) ou arquivada em qualquer sistema ou
banco de dados sem permissão escrita da editora.

CONSELHO EDITORIAL

Diretor
Volney J. Berkenbrock

Editores
Aline dos Santos Carneiro
Edrian Josué Pasini
Marilac Loraine Oleniki
Welder Lancieri Marchini

Conselheiros
Elói Dionísio Piva
Francisco Morás
Gilberto Gonçalves Garcia
Ludovico Garmus
Teobaldo Heidemann

Secretário executivo
Leonardo A.R.T. dos Santos

Editoração: Priscila Pulgrossi Câmara
Diagramação: Sheilandre Desenv. Gráfico
Revisão gráfica: Luciana Quintão de Moraes
Capa: Ygor Moretti

ISBN 978-65-5713-595-3

Este livro foi composto e impresso pela Editora Vozes Ltda.

Sumário

A bajulação e o bajulador, 7

Bajulação e amizade, 13

Como distinguir um bajulador de um amigo?, 20

Expondo o bajulador, 39

O amigo, o bajulador e a imitação, 47

O prazer, 59

Os elogios do bajulador, 73

A franqueza no falar (parte I), 101

As acusações de um bajulador, 115

Os serviços de terceiros, 129

A franqueza no falar (parte II) e as advertências, 159

[A bajulação e o bajulador]

1

[48e] Platão afirma, meu caro Antíoco Filopapo[1], que é muito perdoável um homem reconhecer que tem um amor desmesurado por si mesmo; [48f] no entanto, isto é acompanhado do maior de todos os males como consequência, além de várias outras, que é a de nos tornar incapazes de fazer um julgamento honesto e imparcial de nós mesmos. Pois *o amor é cego em relação*

---

1. Júlio Antíoco Filopapo pertenceria à elite bem-relacionada de Atenas.

àquilo que ama[2], salvo aquele que tenha aprendido a elevá-lo acima do nível das coisas agradáveis e familiares para nós, colocando-o no nível das coisas que são verdadeiramente nobres e excelentes em si mesmas.

É por isso que estamos tão frequentemente expostos às tentativas de um adulador, sob o disfarce e vigarice de um amigo. Pois no nosso amor-próprio há uma base de ataque conveniente contra nós mesmos, [49a] em cada um há aquele grande bajulador interior que entretém um outro de fora, que apenas acalmará e apoiará o homem nas boas opiniões que ele concebeu de si mesmo. Aquele que merecidamente gosta de ser lisonjeado, sem dúvida, gosta bastante de si mesmo e, através da abundância de prazer para com sua própria pessoa, não

---

2. Platão, *Leis*, 731E.

apenas deseja, mas se considera detentor de todas as virtudes. Embora de fato seja louvável o suficiente cobiçar tais realizações, ainda assim é totalmente inseguro para qualquer homem imaginar que elas são inerentes a ele.

Ora, se a verdade é *"divina"*, [49b] como diz Platão, e é a fonte de *"todas as coisas boas para os deuses e para os homens"*[3], então certamente o bajulador deve ser visto como um inimigo público de todos os deuses, de Apólo em particular; pois ele sempre age contra aquele célebre oráculo *"Conhece-te a ti mesmo"*, esforçando-se para fazer de cada homem seu próprio trapaceiro, mantendo-o ignorante, não só sobre si próprio, mas sobre as boas e más qualidades que estão nele; então o bem nunca chega à perfeição, e o mal se torna incorrigível.

---

3. Platão, *Leis*, 730C.

Bajulação e amizade

2

Se, portanto, a bajulação, como a maioria dos outros males, atacasse somente, ou sobretudo, a parte debochada e mesquinha da humanidade, os danos seriam de pouca importância e poderiam ser mais facilmente prevenidos. Mas, assim como os vermes se reproduzem mais em madeiras doces e macias, também são, geralmente, os mais generosos, honestos e de temperamentos mais corajosos que recebem e entretêm por mais tempo o adulador que se agarra sobre eles e [49c] deles se alimenta. Ainda, tal como Simônides coloca:

*"O potro não faz amizade com o
jacinto, mas com os campos férteis."*

Assim, nunca vimos a adulação atender os pobres, os plebeus ou os fracos, mas torna-se uma doença e desgraça para os grandes do mundo, para grandes famílias e negócios, e uma praga e ruína para os aposentos dos reis e seus reinos. Portanto, é de grande importância, e que não requer comum cautela, que seja possível reconhecer um bajulador em todas as formas que ele assume, e impedir que a falsa semelhança traga a verdadeira amizade em suspeita e descrédito. Pois os bajuladores, assim como os piolhos, que abandonam [49d] os corpos dos moribundos, cujo sangue pálido e insípido não pode mais alimentá-los, nunca se misturam em negócios improdutivos e tediosos onde não há nada para conseguir; mas é às honrarias que se dirigem, aos ministros de estado e soberanos da terra, e depois se afastam quando a grandeza de sua fortuna os deixa.

Não é, porém, conveniente, esperar por tais acontecimentos fatais que só nessa altura são produzidos, pois isso não será apenas inútil, mas perigoso e prejudicial; pois é uma coisa dolorosa para um homem encontrar-se desprovido de amigos quando mais os quer, e não ter oportunidade de trocar seu amigo falso e infiel por um leal e honesto. Portanto, devemos testar nosso amigo, tal como fazemos com nossa moeda, [49e] para que ele seja aceitável ou não, antes de precisarmos dele. Não é suficiente descobrir a trapaça às nossas custas, mas devemos entender o bajulador de tal maneira que ele não nos traia; caso contrário, devemos agir como aqueles que precisam tomar veneno para conhecer sua força e arriscar suas vidas para informar seu julgamento. E como não podemos aprovar essa atitude, também não podemos concordar com aqueles que, tomando as medidas da verdadeira amizade apenas pela mera honestidade e utilidade do homem, imediatamente suspeitam de uma conversa agradável e fácil como uma trapaça.

Um amigo não é uma coisa desagradável e de mau gosto, nem a amizade consiste em agressividade e austeridade, [49f] mas suas próprias características são suaves e amáveis, é *"onde o Desejo e todas as Graças estabeleceram a sua mora-*

da"[4], e não é apenas um conforto para os aflitos, mas *"é doce desfrutar o olhar de um homem bondoso"*[5], como diz Eurípides; mas a amizade tanto ilumina e adorna a prosperidade quanto alivia as dores que acompanham as dificuldades. [50a] Tal como Eveno costumava dizer que o fogo é o melhor dos temperos, também a amizade, com a qual a divindade temperou a nossa vida, dá prazer a todas as condições, torna-as fáceis, doces e agradáveis o suficiente.

De fato, se as leis da amizade admitem que ela seja associada ao prazer, por que o adulador não se serviria de tais deleites? No entanto, o bajulador, como o ouro falsificado imita o brilho e o polimento do verdadeiro, sempre se reveste [50b] da simpatia e da liber-

---

4. Hesíodo, *Teogonia*, 64.

5. Eurípides, *Íon*, 732.

dade de um amigo, e tem sempre uma aparência alegre e amistosa, a nada se opondo nem resistindo.

Portanto, também não é razoável considerar todo caráter justo que nos é dado como uma adulação; pois certamente um elogio, no seu devido tempo, é tanto dever de um amigo para com outro quanto uma repreensão pertinente e séria. Na verdade, um temperamento queixoso é certamente incompreensível às leis da amizade e da conversação; ao passo que aceitamos a repreensão de um amigo que está tão pronto para elogiar suas virtudes quanto para censurar seus vícios, convencendo-se de que a mera necessidade o obrigava a repreender aquele que a bondade primeiro havia incitado a elogiar.

Como distinguir um bajulador de um amigo?

3

[50c] Desta maneira, então, alguém poderia dizer que é difícil distinguir um bajulador de um amigo, já que não há diferença aparente entre a satisfação que eles criam ou os elogios que concedem. Na verdade, é possível observar que um bajulador é frequentemente mais prestativo do que um amigo.

Diremos, então, como descobrir essa disparidade? Como aprender o caráter de um verdadeiro bajulador, que toma conta do negócio com destreza e habilidade, ao invés de nos limitarmos que são bajuladores apenas os, como se diz deles, "carregadores de seus próprios frascos de azeite", "parasitas" ou aqueles que "tagarelam assim que lavam as mãos para jantar"[6], [50d] para quem o primeiro prato e o primeiro copo de vinho são suficientes para mostrar sua má educação com sua exibição de vulgaridade e ofensa?

Certamente não foi preciso muita sagacidade para detectar a lisonja de Melântio, o parasita de Alexandre de Feras, que, ao ser perguntado como seu mestre foi assassinado, respondeu: "Com um golpe que entrou pelas suas costas, até ao meu estômago".

---

6. Expressões gregas para descrever as pessoas "parasitas", que são tão pobres que precisam carregar seu próprio frasco de azeite para o banho e que só ganham voz quando é o momento de lavar as mãos antes das refeições.

Nem devemos limitar nossas noções de bajuladores àqueles que se movem em torno das mesas dos homens ricos, a quem *"nem o fogo, nem o ferro, nem o bronze podem impedir de jantar"*; muito menos àquelas mulheres parasitas de Chipre, que indo para a Síria foram apelidadas de "as elevadoras", porque se encolhiam para elevar, com suas costas, as grandes damas daquele [50e] país quando montavam em suas carruagens.

4

Contra quem, então, devemos estar em guarda? Contra aquele que não parece lisonjear e não admite que o faz; aquele que nunca é encontrado perto da cozinha; aquele que nunca é pego observando a sombra no relógio de sol para ver se está chegando a hora do jantar; aquele que nunca fica bêbado caído no chão, mas geralmente está sóbrio e sempre ocupado, pois deve se envolver em muitos assuntos, pois ele deseja estar em todos os segredos, ou seja, aquele que faz o papel de amigo, não como um ator satírico ou de comédia, mas como um ator trágico.

Pois, como diz Platão, "o cúmulo da injustiça é parecer justo quando não se é"[7], [50f] e, assim, a adulação com a qual devemos considerar difícil de lidar é aquela que está oculta, não aquela que é abertamente declarada, não a que brinca, mas a que se mostra séria. Pois tal bajulação infecta até a verdadeira amizade com desconfiança, a menos que prestemos atenção, pois em muitos aspectos coincide com a amizade. Foi o que aconteceu com Góbrias que, tendo forçado seu caminho para um quarto escuro com um mago em fuga, se envolveu em uma luta desesperada, ordenou a Dario, que havia parado ao lado deles

---

7. Platão, *República*, 361A.

e estava em dúvida sobre o que fazer, para atacar, mesmo que ferisse os dois[8].

Quanto a nós, se não podemos de modo algum louvar o ditado "que pereça o inimigo, embora o amigo vá também", quando tentamos nos libertar do bajulador, que por muitas semelhanças está intimamente ligado ao amigo, devemos, [51a] contudo, descartar o útil e o ruim, ou então, tentando poupar o que está próximo de nossos corações, cairemos sobre o que é prejudicial.

Então, acho que, quando se misturam sementes silvestres que têm forma e tamanho próximos ao do trigo, o processo de limpeza é difícil (pois ou não passam por uma peneira mais fina, ou passam por uma peneira mais grossa juntamente com o trigo), da mesma maneira, a bajulação que se mistura com

---

8. Heródoto, 3.78.

toda emoção, todo movimento, toda necessidade e todo hábito, é difícil de separar da amizade.

5

Pela mesma razão de que a amizade é a coisa mais agradável do mundo, [51b] e porque nada mais proporciona mais alegria, o bajulador seduz por meio de prazeres e coisas associadas ao prazer. E justamente porque a graça e a utilidade acompanham a amizade (por isso se diz que o amigo é mais indispensável do que o fogo e a água), o bajulador se entrega a nós, procurando sempre parecer prestável, dedicado e diligente.

Na medida em que o que mais especialmente fundamenta uma amizade é uma semelhança de atividades e de caráter, e visto que deleitar-se com as mesmas coisas e evitar as mesmas coisas é o que geralmente aproxima as pessoas e as une através do vínculo de sentimentos, [51c] o bajulador, percebendo esse fato, se ajusta e se molda, como se fosse uma lenha cortada, procurando adaptar-se e moldar-se para ajustar-se através da imitação àqueles a quem ataca; e ele é tão flexível em se transformar e tão convincente em suas cópias que podemos exclamar:

"Tu és o próprio Aquiles e não seu filho".

Todavia, o truque mais eficaz que ele tem é este: perceber que a franqueza no falar, por relatos e crenças comuns, é especialmente a linguagem da amizade (como um animal tem seu grito peculiar) e que, por outro lado, essa falta de franqueza é hostil e ignóbil, ele não permite que nem isso escape da imitação, mas, assim como os cozinheiros inteligentes empregam sucos amargos e aromas adstringentes para remover o efeito enjoativo das coisas doces, os bajuladores aplicam uma franqueza [51d] que não é genuína nem benéfica, mas que, por assim dizer, pisca enquanto franze a testa e não faz nada além de cócegas.

Por essa razão, então, o homem é difícil de descobrir, como é o caso de alguns animais aos quais a natureza deu a habilidade de mudar sua tonalidade, de modo que se adaptem exatamente a cores e objetos próximos a eles. Visto que o bajulador usa as semelhanças para enganá-lo e envolvê-lo, é nossa tarefa usar as diferenças para expô-lo e desnudá-lo, no ato, assim como diz Platão, de *"enfeitar-se com cores estranhas e formas por falta de suas próprias"*[9].

---

9. Platão, *Fedro*, 239D.

6

Vamos, então, examinar este assunto desde o início. Dissemos anteriormente que, para a maioria das pessoas, [51e] o começo da amizade é o temperamento e a natureza, que acolhe os mesmos hábitos e personalidade, tanto quanto possível, e se deleita nas mesmas atividades, ações e decisões. Sobre isso também foi dito:

> *"O ancião tem a língua mais doce*
> *para o ancião,*
> *a criança, para a criança, a*

mulher segue a mulher,
o homem doente segue o doente, e o
homem caído no infortúnio
tem encantos para aquele que acaba
de encontrar o infortúnio."

Então, o bajulador, sabendo que quando as pessoas se deliciam com as mesmas coisas é natural que elas encontrem prazer e satisfação na companhia umas das outras, adota [51f] esse procedimento ao fazer suas primeiras tentativas de se aproximar de cada vítima e conseguir uma posição perto dela; o bajulador age como se o homem fosse um animal correndo solto em um pasto e, praticando os mesmos interesses, as mesmas ocupações, preocupações e modo de vida, ele gradualmente se aproxima e se esfrega nele para adotar a mesma coloração, até que sua vítima lhe dê algum apoio e se torne dócil e acos-

tumada ao seu toque. Então, o bajulador desaprova ações, modos de vida e
pessoas que ele percebe que sua vítima
não gosta, enquanto se algo agrada ao
outro ele elogia, não com moderação,
[52a] mas de modo a superá-lo claramente em surpresa e admiração, e ao
mesmo tempo ele sustenta firmemente
que sua afeição e ódio são o resultado
de julgamento e não de emoção.

Expondo o bajulador

7

Como, então, expô-lo? E por quais diferenças é possível detectar que ele não tem realmente a mesma opinião, nem nunca será nosso semelhante, mas está apenas fingindo?

Em primeiro lugar, é necessário observar a uniformidade e a permanência de seus gostos, se ele sempre se delicia com as mesmas coisas e recomenda sempre as mesmas coisas, e se dirige e ordena sua própria vida de acordo com um padrão, tal como um homem nascido livre e um amante de amizade e intimidade agradável; pois tal é a conduta de um amigo. Por sua vez, o bajulador não tem um lugar de caráter permanente para habitar e leva uma [52b] vida não de sua própria escolha, mas de outro, moldando-se e adaptando-se a outro; por isso ele não é simples, nem um, mas variável e complexo, e, como a água que é derramada em um recipiente após o outro, ele está constantemente em movimento de um lugar para outro, e muda sua forma para se adequar ao seu receptor.

Ao que parece, a captura de um macaco é efetuada enquanto ele tenta imitar o homem, movendo-se e dançando como ele. Contudo, o próprio bajulador seduz e enfeitiça os outros, não imitando todos igualmente, mas com um se junta dançando e cantando, e com outro lutando e ficando coberto de poeira. Se ele encontra um amante da caça de animais selvagens, ele segue em frente, quase gritando as palavras de Fedra [52c]:

"Pelos deuses! Anseio encorajar os cães, enquanto persigo os rastros dos cervos pardos!"[10]

Ele não se preocupa com a presa, mas tenta capturar e enlaçar o próprio caçador. Mas se ele está no rastro de um jovem erudito e estudioso, ele fica absorto em livros, sua barba cresce até os pés, o assunto agora é a toga do erudito, a impassibilidade filosófica e uma conversa interminável sobre os números e triângulos retângulos de Platão. Em outro momento, se algum homem de temperamento fácil cair em seu caminho, que bebe bastante e é rico, en-

---

10. Eurípides, *Hipólito*, 218.

tão surge o *"astuto Odisseu despido de seus farrapos"*[11], [52d] ele tira o manto de erudito, a barba é cortada como uma colheita inútil e, agora, os assuntos são garrafas de vinho e copos, gargalhadas ao caminhar pelas ruas e piadas frívolas contra os devotos da filosofia.

Assim também se diz que, em Siracusa, depois que Platão chegou, e um ardor pela filosofia se apoderou de Dionísio, o palácio do rei se encheu de pó por causa da multidão de homens que desenhavam seus diagramas geométricos nele. Mas quando Platão caiu em desfavor, e Dionísio, livrando-se da filosofia, voltou com pressa para o vinho, para as mulheres, para a conversa tola [52e] e a licenciosidade, a grosseria, o esquecimento e a estupidez tomaram

---

11. Homero, *Odisseia*, XXII, 1.

conta de todo o povo, como se tivessem sofrido uma transformação por Circe.

Outro testemunho encontra-se na ação dos grandes bajuladores e dos demagogos, dos quais o maior foi Alcibíades. Em Atenas, ele divertia-se, mantinha um estábulo de corrida e levava uma vida abundante e com prazeres agradáveis; na Lacedemônia, ele mantinha o cabelo cortado rente, usava as roupas mais grosseiras e banhava-se em água fria; na Trácia, ele lutava e bebia; mas quando foi para Tissafernes, ele levou a vida suave, cheia de luxo e pretensão. Assim, sempre em busca de popularidade, fazia-se semelhante a todas essas pessoas e tornava-se igual [52f] a elas em tudo.

Não foi o que fizeram, porém, Epaminondas e Agesilau, que, embora tivessem em contato com um número muito grande de homens, *pólis* e modos de vida, ainda mantinham em toda parte seu caráter próprio no vestuário, na conduta, na linguagem e na vida. Assim, também, Platão, em Siracusa, era o mesmo tipo de homem que na Academia, e para Dionísio ele era o mesmo homem que foi para Díon.

O amigo, o bajulador e a imitação

8

São fáceis de detectar as mudanças do bajulador, que são como as de um polvo, ao fingir que ele mesmo é muito mutável e desaprova o modo de vida que aprovou anteriormente, e de repente mostra um gosto por ações, conduta, ou linguagem [53a] que costumava reprovar. Pois será observado que o bajulador não é constante em nenhum lugar, não tem caráter próprio, e que não é por causa de seus próprios sentimentos que ele ama ou odeia, se alegra ou se aflige, mas é porque, como um espelho, ele apenas reproduz as imagens de sentimentos, vidas e movimentos alheios. Ele é o tipo de homem que, se você por acaso culpar um de seus amigos antes dele, exclamará: "Demorou a descobrir o caráter do homem! De minha parte, eu não gostava dele há muito tempo". Todavia, se, numa próxima ocasião, você mudar de novo e elogiar o homem, então você pode ter certeza de que o bajulador confessará que ele compartilha do seu prazer e lhe agradecerá em nome do tal homem, e que confia nele.

Se você diz que deve adotar algum outro tipo [53b] de vida, como, por exemplo, mudando da vida pública para a quietude e tranquilidade, então ele diz: "Sim, há muito tempo que precisamos nos afastar de turbulências e da inveja". Mas, novamente, se você parece estar inclinado à atividade e ao falar em público, então ele intervém com: "Seus pensamentos são dignos de você; a quietude é uma coisa agradável, mas é inglória e vulgar". Imediatamente, então, devemos dizer a tal homem: "Estranho, você me parece agora um homem diferente de outrora"[12].

Não preciso de um amigo que se move como eu e acena com a cabeça como eu (pois minha sombra desempenha melhor essa função), mas quero um que diga a verdade como eu e decida por si mesmo como eu. Este é um método, portanto, de detectar o bajulador.

---

12. Homero, *Odisseia*, XVI, 181.

9

Contudo, aqui segue um segundo ponto de [53c] diferença que deve ser observado em seus hábitos de imitação. O verdadeiro amigo não é um imitador de tudo, nem está disposto a elogiar tudo, mas apenas o que existe de melhor:

"Nasceu para compartilhar não o ódio, mas o amor"[13].

---

13. Adaptação do verso 523, presente na peça *Antígona*, de Sófocles: "Não nasci para odiar, mas para amar".

Como Sófocles diz, e por Zeus, para compartilhar também a conduta correta e o amor pelo bem, não para caírem em erro nem em crimes, a menos que seja como resultado de associação e conhecimento íntimo, como um contágio de infecção que vem de um olho doente e contamina, contra sua vontade, com um toque, devido à conveniência ou à proximidade.

De maneira semelhante, diz-se que conhecidos próximos costumavam imitar a coluna curvada de Platão, o gaguejar [53d] de Aristóteles e o pescoço torto do rei Alexandre, bem como a aspereza de sua voz na conversa. De fato, algumas pessoas adquirem inconscientemente a maioria de suas peculiaridades dos traços ou da vida dos outros. Mas o caso do bajulador é exatamente o mesmo do camaleão: tal como ele, que é capaz de reproduzir todas as cores, exceto o branco, o bajulador, sendo totalmente incapaz de se assemelhar a outro em qualquer qualidade que realmente valha a pena, não deixa nenhuma coisa vergonhosa sem imitação. [53e] Assim como os maus pintores, que por incompetência são incapazes de reproduzir o belo, dependem de rugas, manchas e cicatrizes para realçar suas semelhanças, o bajulador se torna um imitador da licenciosidade, da superstição, da ira, da dureza para com os servos e da desconfiança para com a casa e os parentes. Pois, por natureza, ele é propenso ao mal e parece muito longe de desaprovar o que é vergonhoso, pois o imita.

Na verdade, são suspeitos aqueles que almejam o melhor e mostram angústia e aborrecimento com os erros de seus amigos. Foi isso que afastou Díon de Dionísio, Sâmio de Filipe,

Cleómenes de Ptolomeu e, finalmente, provocou sua ruína.

Mas o bajulador, querendo ser e parecer ao mesmo tempo agradável e leal, finge deleitar-se mais com as piores coisas, como alguém que, por amar em excesso, não se ofende nem [53f] com o que é vil, mas sente com seu amigo e compartilha sua natureza em todas as coisas. Por esta razão, aos bajuladores não será negada a participação nem mesmo nas oportunidades da vida que acontecem sem nossa vontade: quando lisonjeiam os enfermos parecendo ter a mesma doença ou quando fingem não ver ou ouvir bem ao lidarem com cegos ou surdos; assim como os bajuladores de Dionísio, quando este estava perdendo a visão, costumavam esbarrar [54a] uns nos outros e deixavam cair a louça do jantar.

Ainda há alguns que aproveitam as aflições como meio de se insinuar ainda mais, e levam seu sentimento de companheirismo tão longe a ponto de incluir segredos mais íntimos. Se percebem, por exemplo, que alguém é infeliz em seu casamento, ou desconfia de seus filhos ou de sua casa, os bajuladores não se poupam, mas lamentam seus próprios filhos, sua própria esposa, parentes ou família, expondo certas queixas secretas sobre eles. Pois tal semelhança torna mais forte o sentimento de companheirismo, de modo que os outros, contemplando ter recebido promessas, estão mais inclinados a revelar alguns de seus próprios segredos aos bajuladores, e, tendo feito isso, se envolvem com eles e temem abandonar a relação confidencial. Conheço um homem que se separou de sua esposa depois que seu amigo se separou da sua; [54b]

mas esse amigo foi pego visitando-a em segredo e enviando mensagens para ela, e quem soube o que estava acontecendo foi a esposa do outro.

Bem pouco familiarizado com um bajulador, então, foi aquele que pensava que esses versos iâmbicos se aplicavam mais a um bajulador do que a um caranguejo:

"Seu corpo é somente barriga, olhos que veem em todas as direções; uma fera que caminha com os dentes".

Pois tal descrição é a de um parasita, como coloca, ainda, Êupollis: "um daqueles amigos da borda da panela e da hora do almoço".

O prazer

10

No entanto, vamos reservar este assunto para o seu devido lugar em nossa discussão. Não deixemos de notar, porém, essa esperteza que o bajulador tem em suas imitações, de que se ele imita alguma das boas qualidades da pessoa a quem bajula, [54c] ele sempre lhe dá vantagem. A razão é esta: entre amigos verdadeiros não há emulação nem inveja, mas se tiverem sucesso igual ou menor, suportam com moderação e sem mágoa. Já o bajulador, sempre ciente de que deve desempenhar o segundo papel, diminui sua igualdade na imitação, admitindo que é derrotado e ultrapassado em tudo, exceto no que é ruim. Nas coisas ruins, porém, ele não abre mão do primeiro lugar, mas, se o outro está descontente, ele diz de si próprio que está furioso. Se o outro é supersticioso, diz de si mesmo que está possuído pelos deuses. Se o outro está apaixonado, ele mesmo está louco de paixão. "Você riu inoportunamente", [54d] diz ele, "mas eu quase morri de rir."

Nas coisas boas, todavia, é exatamente o contrário. O bajulador diz que ele próprio é um bom corredor, mas o outro simplesmente voa; que ele próprio é um ótimo cavaleiro, mas "o que é isso comparado a este centauro?" ou então "sou um poeta por natureza e escrevo versos que não são nada ruins, mas a Zeus pertence o trovão, não a mim"[14].

Com efeito, ao mesmo tempo, ele pensa mostrar que os gostos do outro são excelentes imitando-os, e que sua destreza é incomparável ao se deixar superar. Assim, pois, nas tentativas do bajulador de se conformar com o outro, encontram-se diferenças como essas que o distinguem de um amigo.

---

14. Cf. Bergk, *Poet. Lyr. Gr.* 3, 736.

11

Uma que vez que, como já foi dito, o elemento do prazer é comum a ambos (pois o homem bom não tem menos prazer em seus amigos do que o homem mau em seus bajuladores), vamos agora fazer a distinção entre eles nesse sentido. A distinção está em remeter o prazer [54e] ao seu fim.

Veja desta forma: há um cheiro agradável em um perfume, há também um cheiro agradável em um remédio. Mas a diferença é que o primeiro foi criado para o prazer e para nenhum outro fim, enquanto no segundo, o princípio purgativo, estimulante ou cicatrizante é apenas acidentalmente adocicado. Ou ainda, os pintores misturam cores e pigmentos brilhantes, tal como há também medicamentos que são brilhantes na aparência e têm uma cor atraente. Qual é, então, a diferença? Está claro que devemos distingui-los pelo fim para o qual são empregados.

[54f] De modo semelhante, a gentileza dos amigos, além da bondade e da utilidade, possui também o poder de dar prazer, como uma espécie de flor desabrochando, e há momentos em que os amigos desfrutam juntos de brincadeiras, comida e vinho, e, por Zeus, até mesmo alegria e absurdos uns com os outros, como uma espécie de tempero para coisas nobres e sérias. A este propósito, foi dito:

*"Contando histórias uns aos outros,
deliciaram-se"[15].*

e ainda:

*"não havia nada que pudesse nos
separar em meio ao nosso amor e
prazer"[16].*

Todo o trabalho e objetivo final [55a] do bajulador é sempre servir alguma brincadeira ou ação ou história picante e altamente temperada, incitada pelo prazer e para incitar o prazer. Em poucas palavras, o bajulador pensa que deve fazer qualquer coisa para ser agradável, enquanto o amigo, fazendo sempre o que deve fazer, é muitas vezes

---

15. Homero, *Ilíada*, XI, 643.

16. Homero, *Odisseia*, IV, 178

agradável e muitas vezes desagradável, não por qualquer desejo de ser desagradável, mas também por não tentar evitar ser desagradável mesmo se isso for melhor. Pois o amigo é como um médico que, se for para o bem do paciente, administra açafrão ou nardo e, só por Zeus, muitas vezes prescreve um banho retemperador ou dieta saudável, mas há casos em que ele larga tudo isso e administra uma dose de rícino, ou então de *"pólio, de cheiro pungente e que, na verdade, tem um cheiro horrível"*[17] ou ele compõe algum heléboro e faz um homem beber, não porque queira ser desagradável ou agradável, neste caso [55b] ou no outro, mas porque tem como seu objetivo final qualquer caminho para levar seu paciente a um estado de cura.

---

17. Nicandro, *Theriaca*, 64.

Assim é com o amigo; às vezes, exaltando e alegrando constantemente o outro com louvor e benevolência, conduz ao bem, como fez aquele que disse

"Teucro, querido do meu coração,
filho de Télamon, príncipe do povo.
Aponte seus outros eixos assim"[18].

e

"Como, eu pergunto, eu poderia
esquecer Odisseu, o divino?"[19]

ou ainda, quando há necessidade de repreensão, ele ataca com palavras penetrantes e toda a franqueza rigorosa [55c]:

---

18. Homero, *Ilíada*, VIII, 281.

19. Homero, *Ilíada* (X, 243) e *Odisseia* (I, 65).

*"É um tolo, Menelau, querido por
Zeus; nem é necessária uma loucura
como esta!"*[20]

Há ocasiões, também, em que o
amigo combina atos com palavras,
como Menedemo, que repreendeu o filho depravado e desordeiro de seu amigo Asclepíades, fechando-lhe a porta e
não falando com ele. Também Arcesilau proibiu Báton de entrar em sua sala
de aula quando este compôs um verso
cômico sobre Cleantes, e foi somente
quando Báton fez as pazes com Cleantes e se arrependeu, que Arcesilaus se
reconciliou com ele.

Pois se deve ferir um amigo apenas
para ajudá-lo; e não se deve feri-lo a
ponto de destruir a amizade, mas usar

---

20. Homero, *Ilíada*, VII, 109.

a palavra dolorosa como um remédio que restaura e [55d] preserva a saúde naquilo a que é aplicado. Portanto, um amigo, como um músico habilidoso, ao efetuar uma transição para o que é nobre e benéfico, ou relaxa ou aperta uma corda, e por isso muitas vezes é agradável e sempre útil; mas o bajulador, acostumado a tocar seu acompanhamento de prazer e graciosidade em apenas um tom, não sabe nada sobre gestos de contradição nem de palavras que ferem, mas é guiado apenas pelo desejo do outro, e faz com que cada nota e pronunciação estejam de acordo com ele.

Como Xenofonte[21] diz de Agesilau, que ele estava feliz por ser elogiado por aqueles que estavam dispostos a criticá-lo também, então devemos considerar

---

21. Xenofonte, *Agesilau*, 11, 5.

o que dá prazer e alegria como verdadeiro para a amizade, se às vezes é capaz de ferir nossos [55e] sentimentos e resistir aos nossos desejos; mas devemos desconfiar de uma relação que se limita aos prazeres, cuja complacência é pura e que ignora uma palavra crítica; e, por Zeus, devemos ter em mente o ditado espartano[22], que, quando o rei Carilo foi elogiado, disse:

"Como ele pode ser um homem bom se não é duro nem mesmo com os maus?"

---

22. Arquidâmidas, segundo Plutarco em *Apophtegmata Laconica* 218B.

Os elogios do bajulador

12

Dizem que a mosca se aloja perto das orelhas do gado, assim como o carrapato com os cães; assim também o bajulador pega os ouvidos dos homens ambiciosos com suas palavras de elogio e, uma vez estabelecido, é difícil arrancá-lo. Por isso, especialmente neste caso, é necessário manter o juízo desperto e alerta, para ver se o elogio é dirigido à ação ou ao homem. É dirigido à ação se eles nos elogiam na ausência e não na nossa presença; [55f] também se eles nutrem os mesmos desejos e aspirações e elogiam não apenas nós, mas todas as pessoas por conduta semelhante; também se não forem encontrados fazendo e dizendo uma coisa e, num outro momento, o contrário; mas, principalmente, se nós mesmos sabemos que não sentimos arrependimento por aquelas ações pelas quais somos elogiados, nenhum sentimento de vergonha e nenhum desejo de ter dito ou feito o contrário. Pois se nossa própria consciência protesta e se recusa a aceitar o elogio, então [56a] não é afetada ou tocada, e é à prova da investida do bajulador. No entanto, não sei bem como, a maioria das pessoas não suporta palavras de consolo em seus infortúnios, mas são mais influenciadas por aqueles que se compadecem e se entristecem com elas. Sempre que essas mesmas pessoas são culpadas de erros e crimes, o homem que censura e reprova tais atos é considerado um inimigo e um acusador, ao passo que eles acolhem o homem que elogia e exalta o que eles fizeram, e consideram-no como gentil e amigável.

Com efeito, aqueles que estão [56b] sempre prontos para elogiar e se unem em aplaudir um ato ou uma palavra, ou qualquer coisa oferecida, seja com seriedade ou brincadeira, são prejudiciais apenas no momento e no assunto em questão; mas aqueles que, com seus elogios, atravessam o caráter do homem, e de fato até atingem, por Zeus, o estado mental com sua lisonja, estão fazendo exatamente o que fazem os servos que roubam, não do monte, mas da própria semente de milho[23]. Pois, como a dispo-

---

23. Referência ao fato de que roubar as sementes de milho (produto final) é muito mais prejudicial ao produtor do que

sição e o caráter são a semente da qual brotam as ações, tais pessoas estão corrompendo o princípio e a fonte da vida, atribuindo nomes de virtudes aos vícios.

Em meio a lutas civis e guerras, Tucídides diz:

"Mudaram o significado comumente aceito das palavras quando aplicadas aos atos como eles achavam apropriado. A audácia imprudente passou a ser considerada como uma coragem devotada, a espera vigilante como covardia ilusória, a moderação como pretexto de covarde e a prudência em relação

---

roubar a parte do monte (ainda com presença de palha).

a tudo como falta de energia para empreender qualquer coisa"[24].

[56c] É necessário manter-se atento às adulações e montar guarda contra a prodigalidade, que é chamada de "espírito liberal", contra o medo, chamado de "autopreservação", contra a impulsividade, chamada de "rapidez", contra a mesquinhez, chamada de "frugalidade", contra o homem amoroso, chamado de "companheiro e amável", contra o irascível e autoritário, conhecido como "de espírito forte" e contra o insignificante e manso, [56d] chamado de "bonzinho".

Platão[25] diz que o amante, sendo um bajulador de seus amados, chama alguém com um nariz arrebitado de

---

24. Tucídides 3, 82.
25. Platão, *República*, 474E.

"cativante", um com um nariz adunco de "pertencente à realeza", pessoas escuras de "viris" e pessoas de pele clara de "filhos dos deuses"; enquanto "cor de mel" é puramente a criação de um amante para disfarçar, e melhor tolerar, a palidez de seu amado ou de sua amada.

No entanto, um homem feio que é levado a acreditar de que é bonito, ou um homem baixo de que é alto, não é por muito tempo cúmplice do engano, e o dano que ele sofre é [56e] leve e não irremediável. Mas quanto ao elogio que acostuma um homem a tratar os vícios como virtudes, de modo que não se sente desgostoso com eles, mas encontra neles prazer, o que também tira toda a vergonha de seus erros cometidos – Esse é o tipo de elogio que trouxe aflições ao povo da Sicília, por terem chamado a crueldade selvagem de Dionísio e de Fálaris de "espírito justiceiro"[26]; foi isso que arruinou o Egito, dando à efeminação de Ptolomeu, sua superstição, seus entusiasmos, seu bater de tambores, o nome de "piedade" e "devoção aos deuses"; foi também isso que, naqueles tempos, quase subverteu e destruiu o caráter dos romanos, ao tentarem atenuar a luxúria de Antônio[27], seus excessos e exibições ostensivas, chamando de "ações alegres e bondosas, devido ao tratamento generoso nas mãos do Poder e Fortuna."

[56f] O que mais foi que prendeu Ptolomeu ao bocal e à flauta? O que mais preparou um cenário trágico para Nero e lhe colocou máscara e coturnos? Não foi o elogio de seus bajuladores? E

---

26. Em grego μισοπονηρία (misoponēría) que literalmente seria o "ódio à perversidade".

27. Plutarco, *Vida de Antônio 9*.

quantos reis não são chamados de Apolo se cantarolam uma melodia? E de Dioniso se ficam bêbados? E de Héracles se podem lutar? E de afortunados se são levados a todos os tipos de desgraça pela lisonja?

13

Por esta razão, devemos estar atentos, sobretudo, ao bajulador na questão de seus elogios. Mas disso ele não está inconsciente, e é hábil em se proteger [57a] contra qualquer suspeita. Se, por exemplo, ele se apodera de algum gavião, ou de um rústico com uma grossa capa de pele, ele se entrega a todo tipo de engano, assim como Estrúcias, quando, na peça, passeava com Bias, e com elogios zomba de sua tolice:

*"Você bebeu mais do que o Rei
Alexandre",*

e

*"Morro de rir quando penso naquela
do cipriota!"*

Quanto às pessoas mais inteligentes, o bajulador observa que estão particularmente atentos a ele neste quesito, que ficam bem em guarda quando perto; então o bajulador não faz seu elogio diretamente, mas busca mover-se em círculos, e [57b] "aproxima-se silenciosamente como se caçasse um animal", tocando-o e manuseando-o. Nesse momento, ele relata os elogios de outras pessoas a ele, citando as palavras de outros, assim como fazem os oradores públicos, como ele teve o prazer de se encontrar no mercado com alguns estranhos ou homens idosos que contaram muitas coisas bonitas dele e expressaram sua admiração. Outras vezes, ele fabrica e inventa alguma acusação trivial e falsa contra ele, que ele finge ter ouvido de outros, e vem com grande pressa para perguntar quando ele disse isso ou quando ele fez aquilo. E se o homem se defende, como é natural, então, a partir desse ponto o bajulador envolve o homem em uma enxurrada de [57c] elogios:

"Eu me perguntava se você falou mal de algum de seus bons amigos, já que não é de sua natureza falar mal até mesmo de seus inimigos, ou se você fez qualquer tentativa de se apoderar das posses alheias quando você oferece tanto das suas."

14

Outros bajuladores, assim como os pintores que realçam as cores vivas e brilhantes ao aplicar tons escuros e sombrios ao lado delas, secretamente elogiam e fomentam os vícios aos quais suas vítimas são viciadas, ao condenar e acusar, ou menosprezar e ridicularizar, as qualidades opostas. Entre os devassos, eles condenam a moderação como "rusticidade"; e entre os malfeitores avarentos, cuja riqueza é obtida de atos vergonhosos e sem escrúpulos, eles condenam a independência e a honestidade como "falta de coragem e vigor para a vida ativa"; mas quando se associam com as pessoas calmas e com as que *"evitam os centros lotados das cidades"*[28], não [57d] se envergonham de chamar a vida pública de "uma intromissão problemática nos assuntos de terceiros" e a ambição de "vaidade inútil". Bajular um orador público é menosprezar um filósofo, e, entre mulheres lascivas, conquistam uma grande reputação aqueles que rotulam esposas fiéis e amorosas como "frias" e "rebeldes".

Supera, contudo, toda a maldade, o fato de os bajuladores não pouparem nem a si mesmos. Pois, como os lutadores colocam seus próprios corpos em uma postura mais baixa [57e] para derrubar seus oponentes, assim os bajuladores, culpando-se, passam sob os que

---

28. Platão, *Górgias*, 485D.

estão por perto, até se insinuarem pela admiração.

"Sou um covarde miserável no mar; as dificuldades desgastam-me; enlouqueço de raiva quando alguém me insulta; mas com este homem aqui", diz ele, "nada é assustador, nem apresenta qualquer dificuldade, mas ele é uma pessoa singular; ele suporta tudo com bom humor, tudo sem aflição."

Mas se é alguém que se imagina dotado de grande senso, e deseja ser franco e firme diante de um homem justo, sempre usa como defesa e escudo o seguinte dito:

"Filho de Tideu, não me elogie nem me repreenda em demasia"[29].

---

29. Homero, *Ilíada*, X, 249.

[57f] O bajulador experiente não se aproxima dele por esse caminho, mas há outro artifício para aplicar a um homem dessa natureza. Assim, o bajulador vem consultá-lo sobre seus próprios negócios, tratando o outro como alguém obviamente superior em sabedoria, e diz que, embora tenha outros amigos mais íntimos, ele acha necessário solicitá-lo; pois "a quem podemos recorrer quando precisamos de conselho? E em quem podemos confiar?" Então, tendo ouvido o que o outro disse, ele afirma que recebeu, não conselho, mas a palavra de um oráculo; e com isso ele parte.

Se o bajulador observa que o homem apresenta alguma habilidade em letras, [58a] ele lhe dá alguns de seus próprios escritos e pede que ele os leia e corrija. A Mitrídates, o rei, que era médico amador, alguns de seus companheiros se ofereciam para serem operados e cauterizados por ele, lisonjeando-o assim com atos e não com palavras; pois ele sentiu que a confiança deles nele era um testemunho de sua habilidade. *"De muitas formas os deuses aparecem"*[30].

Esse tipo de elogio dissimulado, que exige uma espécie de precaução mais astuta, deve ser trazido à luz formulando deliberadamente conselhos e sugestões absurdas e [58b] fazendo correções sem sentido. Pois, se ele não contradiz alguma coisa ou se ele concorda com tudo e tudo aceita, exclamando a cada sugestão que está bom ou excelente, ele deixa perfeitamente claro que ele *"a senha pede, para ganhar algum outro fim"*[31],

---

30. Verso de Eurípides presente em diversas peças, tais como *Alceste*, *Bacantes* e *Helena*.

31. Cf. Nauck, Trag. Graec. Frag., Adespot., n. 365.

pois seu desejo real é elogiar sua vítima e inflá-la ainda mais.

15

Além disso, assim como alguns definiram a pintura como poesia silenciosa, também há um tipo de elogio que é a bajulação silenciosa. Tal como os homens que se dedicam à caça são menos notados por suas presas se eles fingem não estar tão ocupados caçando, mas, na verdade, caminham nas estradas, cuidam dos rebanhos ou lavram o solo, também os bajuladores ganham mais força com seus elogios quando fingem que não estão elogiando, mas fazendo outra coisa.

Tomemos, por exemplo, um homem que cede a sua cadeira ou o seu lugar à mesa a um outro que acaba de chegar; [58c] ou se está ocupado falando à assembleia popular ou ao senado e descobre que algum dos ricos quer falar, de repente cai em silêncio no meio de seu argumento, e cede a plataforma com o direito de falar; tal homem pelo seu silêncio, muito mais do que aquele que se entrega a aclamação em voz alta, deixa claro que ele considera o rico como seu melhor e seu superior em inteligência.

Esta é a razão pela qual tais pessoas são vistas tomando os primeiros lugares em espetáculos e teatros, não porque pensam que têm algum direito a esses lugares, mas para lisonjear os ricos abrindo mão de seus assentos. Assim, também, em uma assembleia ou reunião, eles podem ser observados iniciando um assunto de discussão e, mais tarde, cedendo espaço como se estivessem diante de seus superiores, e passando com a maior prontidão para o outro lado, [58d] se o homem que se opõe for uma pessoa de poder, riqueza ou grande reputação. É de maior necessidade, aqui, detectar se tais casos de submissão e cedências de lugar são feitas devido não à experiência ou virtude ou idade, mas à riqueza e reputação.

O pintor Apeles, enquanto Megabizo se sentava ao seu lado, ansioso para discutir sobre esboços e sombras, disse:

"Você vê esses meninos aqui que estão moendo a argila? Eles estavam todos atentos enquanto você se calava e admirava seu manto púrpura e ornamentos [58e] de ouro; mas agora estão rindo de você porque você se comprometeu a

falar de assuntos dos quais não tem
conhecimento."

Já Sólon, quando Creso perguntou-lhe sobre a felicidade, declarou que Telo, um desconhecido de Atenas, Cleóbis e Bíton, foram mais abençoados pelo destino do que ele[32]. Mas os bajuladores proclamam que reis, ricos e governantes não são apenas prósperos e abençoados, mas também estão em primeiro lugar em inteligência, habilidade técnica e toda forma de virtude.

---

32. Heródoto, 1.30-33.

16

Por esse motivo, algumas pessoas nem dão ouvidos aos estoicos, quando chamam de sábio o homem que é rico, bonito, bem-nascido ou rei; os bajuladores, por outro lado, [58f] declaram o homem rico como sendo, ao mesmo tempo, um orador e um poeta e, se quiserem, um pintor, um músico, rápido na corrida e forte de corpo; e eles, os bajuladores, se permitem ser jogados na luta livre e superados na corrida, como Criso de Hímera foi superado em uma corrida com Alexandre, mas Alexandre viu que estava sendo enganado e ficou indignado .

Carnéades costumava dizer que os filhos dos ricos e os filhos dos reis somente aprendem a montar a cavalo, mas não aprendem nada mais adequadamente; pois, em seus estudos, seu professor os lisonjeia com elogios, e seu oponente na luta livre faz o mesmo submetendo-se a ser arremessado, enquanto o cavalo, não tendo conhecimento ou preocupação nem mesmo quanto a quem é cidadão ou governante, rico ou pobre, arremessa precipitadamente aqueles que não conseguem [59a] montá-lo.

Portanto, foi tolice da parte de Bíon dizer que:

"Se ele tinha certeza de tornar
seu campo produtivo e frutífero

*ao tecer elogios, ele não pareceria
estar errado se não fizesse isso em
vez de se dar ao trabalho de cavar
dedicadamente? E assim, também,
um homem não está fora de senso ao
elogiar um outro, se isso for útil e
valioso para quem elogia."*

A verdade é que um campo não é pior por ser elogiado, enquanto um homem se torna soberbo e é arruinado por aqueles que o elogiam falsamente e além de seus méritos.

A franqueza no falar
(parte I)

17

Sobre este tema, portanto, já foi dito o suficiente. Vamos, como próximo passo, observar o assunto da franqueza no falar. Como [59b] Pátroclo, quando se equipou com a armadura de Aquiles, e dirigiu seus cavalos para a batalha, não ousou tocar a lança do Pelida, mas deixou isso, e apenas isso, para trás, assim o bajulador, quando se disfarça e aprende os sinais e atributos de um amigo, deve deixar de lado a franqueza como a única coisa que não deve ser tocada ou imitada, como se fosse um equipamento de primeira qualidade *"pesado, imponente e enorme"*[33] pertencendo apenas à amizade.

Todavia, uma vez que eles se esquivam de serem notados no riso, no vinho, nas brincadeiras e no sarcasmo, os bajuladores esforçam-se para elevar seu perfil a um nível sério, colocando um rosto sério em sua bajulação e temperando-a com pouca censura e admoestação; [59c] aliás, não deixemos de examinar também este ponto.

O que penso é o seguinte: assim como na comédia de Menandro, em que o falso Héracles vem carregando um porrete que não é sólido nem forte, mas uma falsificação leve e oca, assim a franqueza do bajulador parecerá, se a testarmos, ou seja, será suave, sem peso ou sem firmeza, como as almofadas

---

33. Homero, *Ilíada*, XVI, 141.

das mulheres, que, embora pareçam sustentar e oferecer resistência às suas cabeças, amolecem e afundam. Da mesma forma, essa franqueza falsificada, por ter um volume oco, [59d] falso e enganador, é inflada e inchada, a fim de que, mais tarde, quando se contrai e desmorona, pega e arrasta consigo o homem que nela se apoiou.

Pois a verdadeira franqueza, como a de um amigo, se aplica aos erros que estão sendo cometidos; a dor que causa é solícita e benigna e, como o mel, faz arder as feridas e as limpa também, mas em seus outros usos é saudável e doce; este tipo particular de franqueza terá, posteriormente, um capítulo próprio[34].

Mas o bajulador, em primeiro lugar, mostra-se áspero, acrimonioso e inexorável em sua atitude para com os

---

34. A partir do cap. 25.

outros. Pois ele é rude com seus próprios servos e muito rápido em atacar os erros de seus parentes e familiares, recusando-se a admirar ou exaltar qualquer estranho, mas desprezando todos eles; ele é implacável em seus esforços [59e] para incitar outros à ira por suas calúnias; seu objetivo é ser reconhecido como alguém que odeia o vício e dar a impressão de que ele não diminuiria de bom grado sua franqueza para agradar os outros, nem fazer ou dizer qualquer coisa para obter favores. Em segundo lugar, ele finge não saber ou notar um único delito real e importante, mas é muito rápido em atacar falhas insignificantes e imateriais, e se entregar a um discurso intenso e com veemência se ele vê que um objeto está colocado descuidadamente, se vê que um homem é um mau administrador, se alguém é descuidado com o corte de cabelo ou com a roupa, [59f] ou se não cuida adequadamente de algum cão ou cavalo.

Contudo, deixar um homem desprezar seus pais, negligenciar seus filhos, insultar sua esposa, desdenhar sua casa, esbanjar seu dinheiro, tudo isso não é nada para ele, mas em meio a tais assuntos ele é mudo e covarde, como um treinador que permite que um atleta fique bêbado e viva livremente, para depois ser muito severo com o frasco de azeite e com o estrigilo[35], ou como um mestre que repreende um menino por causa de sua tabuinha e estilete, e finge não ouvir seus erros na gramática e na dicção.

---

35. Instrumento de higiene para atletas cuja função é retirar o pó e o azeite do corpo.

Pois o bajulador é o tipo de pessoa que não dirá uma [60a] palavra sobre o discurso real de um orador barato e ridículo, mas encontrará falhas em sua voz e o acusará severamente porque ele estraga sua garganta bebendo água fria; e se lhe for pedido para examinar um pedaço de escrita miserável, ele achará defeito no papel por ser áspero e chamará o copista de abominavelmente descuidado.

Assim foi com os bajuladores de Ptolomeu, que se julgavam amantes do saber; eles discutiam com Ptolomeu sobre uma palavra obscura ou um versículo insignificante ou um ponto da história, e o mantinham até altas horas da noite; mas quando ele se entregava à crueldade e violência desenfreadas, [60b] tocava os címbalos e conduzia suas iniciações, nenhuma dessas pessoas se opunha. Imagine um homem usando a lanceta de um cirurgião para cortar o cabelo e as unhas de uma pessoa que sofre de tumores e abscessos; esse é o tipo de coisa que os bajuladores fazem: aplicam sua franqueza às partes que não sentem mágoa ou dor.

18

Há ainda outra classe de pessoas, ainda mais nocivas do que essas, que empregam essa franqueza de fala e repreensão para agradar. Por exemplo, Ágis, o Argivo, em uma ocasião em que Alexandre deu grandes presentes a alguém que o fazia rir, em sua inveja e desgosto gritou:

"Mas que coisa absurda!"

O rei voltou-se para ele com raiva e disse:

"O que você disse?"

Ao que ele respondeu:

"Confesso que me sinto perturbado e indignado ao ver que todos vocês, filhos de Zeus, [60c] favorecem os bajuladores e as pessoas ridículas. Pois até Héracles se divertia com um certo Cécrops, e Dionísio com certos Selenos, e pode-se ver que tais pessoas são de boa reputação para você."

E uma vez, quando Tibério César havia entrado no senado, um dos bajuladores se levantou e disse que eles deveriam, sendo homens livres, falar francamente, e não dissimular ou abster-se de discutir qualquer coisa que possa ser para o bem geral. Tendo assim despertado a atenção geral, no silêncio que se seguiu, quando Tibério deu ouvidos, ele disse:

*"Ouça, César, as acusações que todos
nós estamos fazendo contra você,
mas que ninguém se atreve a falar:
você não cuida adequadamente
de si mesmo, você desperdiça sua
força corporal gastando-a em suas
preocupações e trabalhos em nosso
favor, você não se dá um descanso
nem de dia [60d] nem de noite."*

Como ele se demorava numa longa série de tais frases, dizem que o orador Cássio Severo comentou:

*"Tal franqueza como esta será a
morte deste homem!"*

As acusações de um bajulador

19

Tudo isso é realmente de menor importância. Mas chegamos agora a assuntos que são um problema sério, e que causam grande dano aos tolos: quando as acusações do bajulador são dirigidas contra emoções e fraquezas contrárias àquelas que uma pessoa realmente tem. Por exemplo, Himério, o bajulador, costumava difamar o mais vil e avarento dos homens ricos de Atenas como um libertino descuidado destinado a passar fome miseravelmente [60e] com seus filhos. Ou ainda, por outro lado, eles vão censurar os gastadores devassos e pródigos com mesquinhez e sordidez (como Tito Petrônio fez com Nero). Ou eles vão pedir aos governantes que tratam cruel e ferozmente seus súditos que deixem de lado sua clemência excessiva e sua piedade inoportuna e inútil.

Muito parecido com estes, também é o homem que finge temer e que está se resguardando contra algum homem tolo, simples e estúpido, como se fosse um homem inteligente e cheio de recursos; também, se uma pessoa maliciosa, e que se deleita em constantemente falar mal e criticar, [60f] é induzida a elogiar algum homem de destaque, um bajulador deste tipo o pega direto e o contradiz, declarando que é uma fraqueza dele elogiar até os inúteis: *"Quem é esse sujeito, ou que coisa notória ele disse ou fez?"*

Da mesma forma, se eles virem que alguns estão em desacordo com seus irmãos, ou que desprezam seus pais, ou tratam com desprezo suas esposas, eles não os advertem ou acusam, mas tentam intensificar tais sentimentos. *"Você não tem amor-próprio!"*, eles dizem, e *"Você tem que se culpar por isso, porque você sempre aparenta um ar tão conciliador e humilde"*.

E se, [61a] como resultado do temperamento e do ciúme, ele estiver irritado em relação a uma amante ou à esposa de outro homem com quem tem um caso amoroso, a bajulação aparece de uma só vez com uma franqueza esplêndida, acrescentando fogo ao fogo, implorando por justiça, acusando o amante de muitas coisas indignas de amor e ações duras e repreensíveis:

*"Ó ingrato, depois de beijos e beijos
amorosos!"*

Assim, os amigos de Antônio, consumidos de amor pela mulher egípcia, tentaram fazê-lo acreditar que ela estava apaixonada por ele e, repreendendo-o, o chamavam de frio e orgulhoso:

*"Eis uma mulher que, tendo
abandonado tão grande reino e uma
existência feliz, está gastando sua
vida enquanto segue com você em
suas marchas, [61b] disfarçada de
concubina; mas 'o juízo em seu peito
é à prova de encantamento, e você é
indiferente ao sofrimento dela[36]'"[37].*

---

36. Homero, *Odisseia*, X, 329.

37. Plutarco, *Vida de Antônio*, 53.

Ele ficou satisfeito por ser repreendido por tal delito, e se sentindo mais agradável com aqueles que o acusavam do que com qualquer elogio que recebesse, não percebeu que, por essa aparente advertência, ele estava sendo perversamente atraído por ela.

Tal franqueza é como as mordidas de amor de mulheres lascivas; desperta e faz cócegas na sensação de prazer fingindo causar dor. Da mesma forma, o vinho não diluído é por si só um antídoto conta o veneno da cicuta, mas se eles [61c] o adicionam à cicuta e misturam os dois, tornam a potência da droga muito além do antídoto, uma vez que é rapidamente levada ao coração pelo calor. Da mesma forma, os inescrupulosos, sabendo bem que a franqueza é um grande remédio para a bajulação, bajulam pela própria franqueza.

É por isso que Bias não deu uma boa resposta ao homem que lhe perguntou qual é o animal mais feroz, ao que respondeu: "Dos animais selvagens o tirano é o mais feroz, e dos animais domesticados é o bajulador". Seria mais verdadeiro dizer que, entre os bajuladores, aqueles que rondam o banho e a mesa [61d] são domesticados, enquanto aquele que insinua, como um polvo e seus tentáculos, a calúnia e a malícia até o quarto e até aos aposentos das mulheres, é um animal selvagem mais difícil de lidar.

20

Ao que parece, um modo de proteção é perceber e lembrar sempre que nossa alma tem seus dois lados: de um lado estão a veracidade, o amor pelo que é honrado e o poder de raciocinar, e do outro lado a irracionalidade, o amor pela falsidade, e o elemento emocional; o amigo é sempre encontrado no lado melhor, como conselheiro e advogado, tentando, à maneira de um médico, promover o crescimento do que é saudável e preservá-lo; mas o bajulador toma seu lugar do lado do emocional e do irracional, e essa parte ele excita, [61e] faz cócegas e adula, e tenta afastar dos poderes de raciocínio, inventando, para, isso diversas formas inferiores de prazer.

Há alguns tipos de alimentos, por exemplo, que não são bons nem para o sangue nem para a respiração, e que não acrescentam vigor aos nervos ou à medula, mas apenas excitam as partes íntimas, despertam o apetite e tornam a carne mole e apodrecida; assim, a fala do bajulador não acrescenta nada às faculdades de pensar e raciocinar, mas apenas promove a familiaridade com algum prazer amoroso, intensifica um tolo acesso de temperamento orgulhoso, provoca inveja, engendra um volume ofensivo e fútil de vaidade, compadece na angústia ou, por uma sucessão de calúnias e pressentimentos, faz com que [61f] a malícia, a falta de liberalidade e a desconfiança se tornem amargas, tímidas e desconfiadas; e todos esses são assuntos que não escaparão ao bom observador.

Pois o bajulador está sempre à espreita de alguma emoção, a engorda e está sempre presente como um tumor, pois ele sempre vem imediatamente após alguma condição mórbida ou inflamada da alma.

"Você está com raiva? – Castigue!"

"Você deseja algo? – Compre!"

"Você está com medo? – Vamos fugir!"

"Você tem alguma suspeita? – Confia em mim!"

Mas se for difícil detectar o bajulador quando ele está envolvido com essas emoções maiores, visto que nosso poder de raciocinar é perturbado por sua veemência e magnitude, ele dará uma vantagem com as menores emoções, [62a] já que seu comportamento aqui será o mesmo. Por exemplo, se um homem tem medo de ter uma dor de cabeça ou um distúrbio digestivo por beber ou comer em excesso e hesitar em tomar banho e comer, um amigo tentará segurá-lo e aconselhá-lo a ser cuidadoso e cauteloso, mas o bajulador o arrasta para o banho, o convida a provar algum prato novo e a não maltratar seu corpo por abstinência forçada. E se o bajulador vir que seu homem está fracamente inclinado a alguma saída ou viagem ou empreendimento, ele dirá que a ocasião não é urgente, mas que eles alcançarão o mesmo resultado adiando ou enviando outra pessoa. Se o homem, depois de prometer dinheiro em empréstimo ou presente a algum amigo pessoal, [62b] quiser mudar de ideia, mas se envergonhar, o bajulador apoia a pior decisão, levando a mão ao bolso e expulsando seu sentimento de angústia, pedindo-lhe que seja econômico, pois tem muitas despesas e muitas bocas para alimentar.

Segue-se, portanto, que se não desconhecemos nossos próprios sentimentos de cobiça, nossas faltas de educação e nossa covardia, não desconhecemos o bajulador. Pois ele sempre age como um defensor de tais emoções e é franco ao discutir os resultados a que elas levam. Seja isso, então, o suficiente sobre este assunto.

Os serviços de terceiros

21

Vamos, agora, ao tópico de serviços e ajudas; pois é nestes domínios que [62c] o bajulador provoca uma grande confusão e incerteza quanto à diferença entre ele e o amigo, porque ele parece ser ativo e disponível para tudo sem reservas.

O caráter de um amigo é, segundo Eurípides[38], como a *"linguagem da verdade, é simples, claro e não afetado"*, enquanto o do bajulador, na verdade é *"enfermo*

---

38. Eurípides, *Fenícias*, 469 e 472.

de si mesmo, carente de sábios remédios", e de muitos também, ouso afirmar, por Zeus!

Tomemos o caso de uma pessoa conhecendo outra: um amigo, às vezes, sem trocar uma palavra, mas apenas por um olhar e um sorriso, dá e recebe por meio dos olhos uma intimação da boa vontade e da intimidade profundas, e por fim passa. [62d] Mas o bajulador corre, persegue, estende sua saudação à distância, e se ele for visto e se tiver falado primeiro, ele pleiteia sua defesa com testemunhas e juramentos repetidamente. O mesmo acontece com as ações: os amigos omitem muitas das pequenas formalidades, não sendo nem um pouco exigentes ou rigorosos a esse respeito, não se apresentando para todo tipo de serviço; ao passo que o bajulador é, nesse assunto, persistente, assíduo e incansável, não dando a ninguém lugar ou espaço para um bom ofício, mas está ansioso por ordens e, se não as recebe, fica irritado, ou melhor, fica totalmente desanimado e dá lugar a lamentações.

22

Para as pessoas sensatas, estas são manifestações, [62e] não de uma amizade verdadeira nem sincera, mas de uma amizade postiça, como uma cortesã que dá abraços com mais entusiasmo do que deveria. Antes, porém, precisamos considerar a diferença demonstrada pelos homens na oferta de seus serviços. Foi bem dito, por antigos escritores, que a oferta de um amigo toma esta forma:

*"Sim, se eu tiver o poder, e se puder
ser realizado"[39].*

Enquanto a de um bajulador é assim:

"Fale quais são os seus desejos"[40].

De fato, os poetas cômicos introduzem no palco personagens desse tipo:

*"Nicômaco, coloca-me diante desse
soldado para ver se eu não trituro
sua carcaça com meus golpes e
deixo seu rosto mais macio que uma
esponja!"*

[62f] Em segundo lugar, nenhum amigo entra em cooperação, a menos

---

39. Homero, *Ilíada*, XIV, 196.

40. Homero, *Ilíada*, XIV, 195.

que tenha sido primeiro consultado, e somente depois de ter examinado o compromisso e ter aprovado como adequado ou conveniente; entretanto se alguém conceder ao bajulador a oportunidade de examinar e pronunciar-se sobre algum assunto em questão, visto que ele não apenas deseja ceder e dar gratificação, mas também teme suspeitar que ele possa recuar e evitar a tarefa, ele cede e acrescenta sua urgência aos desejos do outro. Não é fácil encontrar um homem rico ou um rei que diga [63a]:

"Quem me dera ter um mendigo,
e se quiser, pior que um mendigo,
alguém que, tendo o amor de minha
amizade, deixe o medo para trás e
fale a crença de seu coração".

Essas pessoas, tal como os trágicos, querem ter um coro de amigos cantando a mesma música ou um público para aplaudi-los. Esta é a razão pela qual Mérope, na tragédia, dá este conselho:

*"Tenha amigos que não cedem
em seu discurso, mas deixe sua
casa fechada para os patifes que
tentam agradar a você para ganhar
consideração."*

[63b] Mas essas pessoas geralmente fazem exatamente o oposto; elas abominam aqueles que *"não cedem no discurso"* e que se posicionam contra elas para seu próprio bem, enquanto *"os patifes que tentam ganhar consideração"*, os vis e impostores, recebem não apenas dentro de suas *"casas fechadas"*, mas até mesmo dentro de suas emoções e ações secretas.

O mais simples desses bajuladores não acha necessário ou apropriado que ele seja consultado sobre assuntos desse tipo, mas apenas que ele seja um servil e prestável; ao passo que os mais inescrupulosos não farão mais do que participar da deliberação, franzindo as sobrancelhas e assentindo com o rosto para concordar, não dizendo uma palavra. No entanto, se o outro homem declara sua opinião, então ele diz:

"Por Héracles! Você está um
pouco à frente de mim; eu ia dizer
exatamente isso!"

Com efeito, como os matemáticos nos dizem que superfícies e linhas não se dobram, [63c] se estendem ou se movem por si mesmas, sendo concepções imaginárias sem substância material, mas que se dobram e se estendem e mudam de posição junto aos corpos dos quais eles são os limites, assim, também, você deve detectar o bajulador por estar sempre de acordo com sua vítima em palavras e expressões – seguem nos prazeres que você sente e, por Zeus, também nas [63d] emoções raivosas – de modo que, nessas questões, pelo menos, a diferença é bastante fácil de detectar.

Isso é ainda mais evidente na maneira de seu serviço prestado: um ato gracioso por parte de um amigo é como uma coisa viva, tem suas qualidades mais potentes profundamente dentro de si, e não há nada na superfície que sugira exibicionismo ou elogio; mas, como um médico cura sem o conhecimento de seu paciente, muitas vezes um amigo faz uma boa ação intercedendo ou afastando-se, enquanto o objeto de sua solicitude nada sabe disso. Tal amigo foi Arcesilau em todos os seus assuntos, e isso foi especialmente visto dele quando descobriu a pobreza de Apeles de Quios, que estava doente; pois em uma próxima visita, ele veio com vinte dracmas, e sentando-se ao lado da cama, comentou:

"Não há nada aqui além de elementos de Empédocles, fogo, água, terra e o suave peso do ar, mas você não está nem deitado confortavelmente."

E com isso [63e] ele arrumou o travesseiro e, sem ser observado, enfiou o dinheiro por debaixo. Quando a velha criada descobriu, e com espanto anunciou sua descoberta a Apeles, ele disse com uma risada:

*"Arcesilau inventou essa fraude! É
preciso acreditar no ditado de que na
filosofia 'os filhos nascem como seus
pais'"[41].*

Da mesma forma, Lácides, um conhecido de Arcesilau, apoiou Cefisócrates, assim como seus outros amigos,
quando ele foi destituído; quando o
acusador exigiu seu anel, Cefisócrates
[63f] deixou-o cair silenciosamente ao
lado dele, e Lácides, percebendo isso,
colocou o pé sobre o anel e o escon-
deu; pois a evidência reveladora estava naquele objeto. Após o julgamento,
Cefisócrates estava apertando a mão
dos jurados, quando um deles, que
aparentemente tinha visto o que aconteceu, agradeceu a Lácides e relatou

---

41. Hesíodo, *Trabalhos e dias,* 235.

todo o caso; mas Lácides não contou a ninguém.

Assim, também, penso eu que os deuses conferem seus benefícios, na maioria das vezes, sem nosso conhecimento, já que é da natureza deles ter prazer no mero ato de ser gracioso e fazer o bem. Mas a atividade do bajulador não mostra nenhum sinal de honestidade, verdade, franqueza ou generosidade, mas apenas suor, clamor, correria e um olhar tenso que dá a aparência e sugestão de negócios imperiosos e urgentes.

É como um [64a] quadro extravagantemente feito, que por meio de pigmentos vistosos, dobras irregulares nas roupas, rugas e ângulos, se esforça para produzir uma impressão de vivacidade. Ele é ofensivo, também, ao relatar como ele teve que ir de um lado para o outro, como ele se preocupou com isso, e então, quando ele conta toda a inimizade que incorreu depois de seus incontáveis problemas e grandes tribulações; e, como resultado, ele recebe uma declaração de que não valeu a pena tudo isso. Pois qualquer favor que suscite uma censura de seu destinatário é ofensivo, desfavorável e intolerável; e nos favores do bajulador há essa reprovação e ingratidão, que são sentidas, não em algum momento posterior, mas no próprio momento em que são realizadas. Mas se um amigo tem que contar o que fez, ele relata [64b] com modéstia e não diz nada sobre si mesmo. Foi com esse propósito que os espartanos enviaram milho ao povo de Esmirna em sua necessidade, e quando estes expressaram sua admiração pela ação graciosa, os espartanos disseram:

"Não foi nada importante; apenas votamos em assembleia que nós e nosso gado ficássemos sem jantar por um só dia e recolhemos a quantia."

Tal graciosidade não é apenas a marca de um caráter nobre, mas é mais agradável para os destinatários, pois sentem que aqueles que os assistem não sofrem grandes danos.

23

Não é, portanto, no prejuízo causado pelos serviços do bajulador, ou por sua maneira fácil de oferecer seus serviços, [64c] que se pode aprender melhor a conhecer sua natureza, mas uma melhor distinção pode ser encontrada na natureza de seu serviço, se é honroso ou desonroso, e se seu propósito é agradar ou ajudar. Pois um amigo não irá, como Górgias costumava declarar, esperar que seu amigo o apoie em projetos honestos, e ainda assim ele mesmo servirá em muitos que são desonestos, pois ele "na virtude junta-se, e não na maldade"[42].

Portanto, ele desviará, mais certamente, seu amigo do que é impróprio; e se ele não pode persuadi-lo, então ele pode replicar com a observação de Fócion a Antípatro: "Você não pode me usar como amigo e bajulador", isto é, como amigo e como não amigo.

De fato, deve-se ajudar um amigo a fazer as coisas, mas não a fazer mal, em aconselhar, mas não em planejar mal, em apoiar suas conclusões, mas não suas ilusões, e até mesmo, por Zeus, em compartilhar seus infortúnios, mas não seus erros. [64d] Visto que não escolheríamos nem mesmo ter conhecimento das ações desonrosas de nossos amigos, como então podemos escolher coope-

---

148   42. Eurípides, *Ifigênia em Áulis*, 407.

rar com eles e participar da conduta imprópria?

Assim como os espartanos, derrotados em batalha por Antípatro, ao fazerem termos de paz, o obrigaram a prescrever qualquer penalidade que quisesse, mas nada desonroso; da mesma forma, um amigo, se acontecer de você pedir um favor que envolva despesas, perigos ou muito trabalho, é o primeiro a insistir, sem desculpa ou hesitação, que ele seja chamado e que faça sua parte. [64e] Mas quando envolve um ato vergonhoso, ele também é o primeiro a implorar para ser deixado em paz e poupado de participação.

A bajulação age ao contrário: em serviços árduos e perigosos, desaparece. E se você a obriga a se manifestar, ela não soa clara, mas emite um tom ignóbil que soa com alguma desculpa. Mas para qualquer serviço vergonhoso, mesquinho ou vil, você pode usar o bajulador como quiser e tratá-lo como a sujeira sob seus pés; e ele não acha nada terrível ou insultante.

Sabe o macaco? Ele não pode guardar a casa como o cachorro, nem carregar uma carga como o cavalo, nem arar a terra como os bois; e por isso ele tem que suportar abusos e grosserias, e suportar brincadeiras, submetendo-se, assim, a ser um instrumento de riso. Assim como o bajulador: é incapaz de ajudar o outro com palavras ou dinheiro ou apoiá-lo em uma briga, e desigual em qualquer coisa laboriosa ou séria, mas ele não se desculpa [64f] quando se trata de ações dissimuladas, ele é um fiel ajudante em assuntos amorosos, sabe exatamente o preço a ser pago por uma prostituta, não é negligente em verificar o preço de uma ceia de vinho, nem demora em fazer arranjos para jantares, e ele sempre tenta estar nas boas graças das amantes; mas se solicitado a ser insolente para com os parentes de uma esposa ou para ajudar a expulsar uma esposa de casa, ele é implacável e despudorado.

Como resultado, [65a] o homem desse tipo também não é difícil de detectar; pois se lhe for dito para fazer qualquer coisa vergonhosa e desonrosa que você queira, ele está pronto para gratificar o homem que lhe diz para fazê-lo.

24

A grande diferença entre um bajulador e um amigo pode ser percebida mais claramente por sua atitude para com os outros amigos. Para um amigo, é muito mais agradável amar e ser amado juntamente com outros, e ele sempre se esforça constantemente para que seu amigo tenha muitos amigos e seja muito apreciado; acreditando que "os amigos possuem tudo em comum"[43], ele pensa que nenhuma posse deve ser

---

43. Eurípides, *Orestes*, 735.

tão comum quanto os amigos. [65b] Já o bajulador é falso, vil e degradado, pois compreende perfeitamente que está cometendo um crime contra a amizade, que em suas mãos tem tanto valor quanto uma moeda falsa. Ele é por natureza invejoso e, sendo assim, emprega sua inveja contra sua própria espécie, lutando constantemente para superá-los em grosseria e fofocas; ele, porém, tem medo de seus superiores, não porque ele "*caminha ao lado de uma carruagem lídia*", mas porque, como Simônides coloca, ele "*traz ouro refinado, que é puro e não apresenta chumbo*".

Sempre que, então, o bajulador, sendo superficial, dissimulado e impostor, é observado e comparado de perto com uma amizade genuína e sólida, [65c] ele não resiste ao teste, mas é exposto, e assim faz o mesmo que aquele homem que pintou um quadro miserável de alguns galos; pois o pintor mandou seu criado enxotar todos os galos reais o mais longe possível da tela. Assim, o bajulador afugenta todos os verdadeiros amigos e não permite que eles se aproximem; ou se ele não pode fazer isso, abertamente os elogia na frente de todos, presta-lhes atenção e faz uma grande demonstração de respeito por eles como para superiores, mas secretamente ele está sugerindo e espalhando algum tipo de calúnia; e quando a conversa secreta causa uma ferida irritante, mesmo que ele não seja totalmente bem-sucedido no início, ainda assim se lembra e observa as palavras de Médio. Este Médio era, se assim posso chamá-lo, líder e mestre habilidoso de um coro de bajuladores que circundavam Alexandre e se uniam contra todos os homens de valor. [65d] Médio os exortou a não terem medo de agredir e ferir com suas calúnias, ressaltando que, mesmo que o homem fosse ferido e conseguisse curar a ferida, a cicatriz da calúnia ainda permaneceria.

Foi por tais cicatrizes, ou melhor, por tais gangrenas e tumores, que Alexandre foi consumido de modo que destruiu Calístenes, Parmênio e Filotas, e se entregou, sem reservas, nas mãos dos agnões, bagoas, agesias e demétrios, para ser rebaixado, submetendo-se a ser adorado e venerado por eles, à maneira de um ídolo bárbaro.

[65e] Tão grande é o poder exercido por dar gratificação, e é maior, aparentemente, com aqueles que pensam ser superiores. Pois a vaidade das qualidades mais nobres, aliada ao desejo de tê-las, dá confiança e ousadia ao bajulador.

É verdade que os picos das montanhas são de difícil acesso

e mais árduos para aqueles que se propõem a almejá-los; mas a altivez ou a vaidade, em uma mente que carece de razão graças à fortuna ou à natureza, está à mercê do insignificante e mesquinho.

A franqueza no falar (parte II) e as advertências

25

Por isso, como fiz no início deste discurso, que removamos de nós mesmos o amor-próprio e a vaidade. Pois estes, sendo as primeiras coisas a nos bajularem, tornam-nos menos resistentes aos bajuladores de fora, [65f] já que estamos prontos para recebê-los. Mas se, em obediência ao divino, aprendemos que o preceito *"conhece-te a ti mesmo"* é inestimável para cada um de nós, e se, ao mesmo tempo, revisarmos cuidadosamente o modo como, de inúmeras maneiras, nossa própria natureza, criação e educação estão carentes do bem e têm ligados a elas muitas transgressões tristes e negligentes de palavras, ações e sentimentos, não deixaremos os bajuladores passarem por cima de nós facilmente.

Alexandre disse que duas coisas o levaram a desacreditar naqueles que o veneravam como um deus: seu sono e sua paixão pelas mulheres; pois lhe parecia que nessas questões ele revelava o lado mais ignóbil e instintivo de si mesmo; [66a] e assim, em nosso próprio caso, se tivermos o cuidado em observar nossas muitas falhas vergonhosas, graves e imperfeitas, estaremos constantemente detectando nossa própria necessidade, não de um amigo para nos elogiar e enaltecer, mas de um amigo para nos repreender, para ser franco conosco e, na verdade, para nos culpar quando nossa conduta é ruim.

Pois há poucos entre muitos que têm a coragem de mostrar franqueza em vez de favor a seus amigos. E ainda, entre esses poucos, você não encontrará facilmente homens que saibam fazê-lo, mas encontrará aqueles que pensam que, se abusam e criticam, fazem uso da franqueza.

No entanto, a franqueza, [66b] como qualquer outro remédio, se não for aplicada no momento adequado, causa sofrimento e perturbação inúteis, e realiza, pode-se dizer, dolorosamente o que a bajulação realiza com prazer. As pessoas são prejudicadas, não apenas por elogios inoportunos, mas também por censuras inoportunas; e é especialmente isso que as entrega como presas fáceis aos bajuladores, pois, como a água, eles deslizam das ladeiras mais longínquas em direção aos vales que os convidam suavemente.

A franqueza, portanto, deve ser combinada com boas maneiras, e deve haver razão para tirar seu excesso e intensidade, tal como a luz, de modo que qualquer um que esteja exposto a ela, por ser perturbado e ficar aflito por uma falha exposta e que todos criticam e acusam, não se refugie na sombra do bajulador e se desvie [66c] para o que não causa dor.

Toda forma de vício, meu caro Filopapo, deve ser evitada pela virtude, e não pelo vício que é seu contrário, como acontece com alguns que pensam escapar da timidez através da falta de vergonha, fugir da rusticidade através da grosseria, e fazer com que seus modos sejam os mais distantes da covardia e da brandura se puderem parecer mais próximos da insolência e da ousadia. Outros, ainda, para provar que estão livres da superstição, adotam o ateísmo como defesa e se fazem de malvados para mostrar que não são tolos, e assim distorcem seu caráter, [66d] como um pedaço de madeira, de uma ponta a outra, porque não sabem como endireitar.

Entretanto, a maneira mais vergonhosa de repudiar o bajulador é causar dor sem nenhum ganho; e mostra um desrespeito totalmente grosseiro e sem tato pela boa vontade nas relações com os amigos recorrer a ser desagradável e duro para evitar a vilania e baixeza na amizade. Tal pessoa é como um ator do palco cômico, que pensa que o abuso é um uso justo para falar com igualdade. Visto que, portanto, é vergonhoso cair na lisonja com o objetivo de agradar, e vergonhoso também, ao tentar evitar a lisonja, destruir a consideração amigável para com o outro por uma liberdade desmesurada de franqueza.

É preciso, portanto, evitar tanto um como o outro extremo; [66e] e com a franqueza, como em qualquer outra coisa, obter o certo a partir do meio-termo. Esse assunto, como exige consequente elaboração, parece determinar que este seja o complemento final do nosso escrito.

26

Vendo, portanto, que existem certos erros graves que acompanham a franqueza, vamos, em primeiro lugar, despojá-la de todo o amor-próprio, evitando ao máximo que não pareçamos ter algum motivo particular para nossas censuras, como uma ofensa ou queixa pessoal. Pois as pessoas costumam pensar que a raiva, não a boa vontade, é o motivo de um homem que fala em seu próprio nome, e que isso não é uma advertência, mas uma crítica.

A franqueza é amistosa e nobre, mas a crítica é egoísta e mesquinha.

Por esta razão, aqueles que falam com franqueza são respeitados e admirados, enquanto os que criticam são recriminados e desprezados. [66f] Agamenon, por exemplo, não suportou Aquiles quando este pareceu ter falado apenas com franqueza moderada, mas quando Odisseu o ataca duramente e diz: "*Desgraçado! Quem me dera que você desse ordens a outro exército e não a nós!*"[44], ele cede e acata, acalmado pela preocupação amistosa e pelo bom senso das palavras do outro. É porque Odisseu, que pessoalmente não tinha motivos para raiva, [67ª] falou com ele com ousadia em nome da Grécia, enquanto Aquiles parecia estar irritado principalmente por conta própria. De fato, é verdade que o próprio Aquiles, embora "*não fosse um homem de temperamento doce ou gen-*

---

44. Homero, *Ilíada*, XIV, 84.

til"[45], mas um *"homem terrível, capaz de culpar até os inocentes"*[46], submeteu-se a Pátroclo em silêncio, embora Pátroclo muitas vezes lançasse sobre ele críticas como esta:

> *"Homem implacável! Seu pai não foi o cavaleiro Peleu, nem foi Tétis sua mãe; não, o oceano cinza-brilhante quem o gerou e também as rochas altas e escarpadas; por isso você é tão duro de coração"*[47].

[67b] O orador Hiperides costumava dizer aos atenienses que era justo que considerassem, não apenas se ele era amargo, mas se o era sem motivo; e da mesma forma, a advertência de um

---

45. Homero, *Ilíada*, XI, 653.
46. Homero, *Ilíada*, XIII, 775.
47. Homero, *Ilíada*, XVI, 33.

amigo sobre qualquer coisa deve ser tratada com respeito e reverência, e não se lhe deve virar a cara. E se alguém também deixa claro que, ao falar com franqueza, está deixando de fora qualquer omissão ou lapso de seu amigo em relação a si mesmo, mas repreendendo-o por algumas outras deficiências, mas não deixa de lado os outros erros cometidos contra terceiros, a força de tal franqueza é invencível, pois a atitude generosa do orador serve apenas para intensificar a amargura e a severidade de sua advertência.

Portanto, [67c] embora tenha sido bem dito que, quando estamos com raiva ou em desacordo com os amigos, devemos, acima de tudo, fazer ou planejar o que for para sua vantagem ou de seu interesse, e não é menos importante na amizade, mesmo quando sentirmos que nós mesmos somos menosprezados e negligenciados, falar francamente em nome de outros que também estão sendo negligenciados e para lembrá-los aos nossos amigos.

Por exemplo, Platão, em meio a suspeitas e desacordos com Dionísio, pediu-lhe um encontro para uma conversa, e Dionísio concedeu, supondo que Platão fosse tratar de algum assunto que lhe dissesse respeito e encontrar falhas que o tivessem afetado. Mas Platão falou com ele mais ou menos desta maneira:

– *Se você soubesse, Dionísio, que algum homem mal-intencionado [67d] fez a viagem para a Sicília, com o desejo de fazer mal a você, mas incapaz de encontrar uma oportunidade, você permitiria que ele velejasse, e você o deixaria sair ileso?*

– *Longe disso, Platão – disse Dionísio –,
pois não apenas os atos dos inimigos, mas
também suas intenções devem ser detestadas
e punidas.*

– *Se então – disse Platão – alguém vier
aqui, por boa vontade, desejando ser o autor
de algum bem para você, mas você não lhe
dá oportunidade, é apropriado deixar tal
homem ir sem lhe mostrar qualquer grati-
dão ou atenção?*

Quando Dionísio perguntou quem
era o homem, Platão respondeu:

– *Ésquines, um homem de caráter tão
justo quanto qualquer um dos companheiros de Sócrates, e potente no discurso para
melhorar aqueles com quem ele pode se
relacionar; [67e] mas depois de navegar
até aqui por uma vasta extensão de mar*

para discutir filosofia com você, ele se vê negligenciado.

Essas palavras comoveram Dionísio, que imediatamente abraçou afetuosamente Platão, maravilhando-se com sua bondade e nobreza, e depois ele prestou a Ésquines honrosas e ilustres atenções.

27

Em segundo lugar, então, vamos purificar, por assim dizer, e eliminar de nossa franqueza toda arrogância, riso, zombaria e grosseria, que são o tempero prejudicial da liberdade de expressão. Assim como uma certa ordem e limpeza de gestos devem permear o trabalho de um [67f] médico quando ele realiza uma operação, e sua mão deve evitar toda dança e movimentos imprudentes e todos os floreios e gesticulação supérflua, também a franqueza tem muito espaço para a conveniência e elegância, se tal graciosidade não prejudica o alto cargo de franqueza; mas quando a afronta, a ofensa e a arrogância se juntam à franqueza, elas a estragam e a arruínam completamente.

Havia sentido, portanto, e polidez na réplica com que o harpista calou a boca de Filipe quando este tentou discutir com ele sobre tocar seu instrumento.

"Ó rei, que nunca desça tão baixo a ponto de ter um conhecimento melhor desses assuntos do que eu."

Ao contrário, [68a] Epicarmo não estava certo em sua réplica a Hierão, que havia matado alguns de seus amigos e, alguns dias depois, convidado Epicarmo para jantar.

"Mas ainda outro dia", disse Epicarmo, "você realizou um sacrifício de amigos sem me convidar!"

Também Antifonte teve uma má reação quando a questão foi discutida na presença de Dionísio sobre "qual é o melhor tipo de bronze", e ele disse:

"O tipo com o qual moldaram as estátuas de Harmódio e Aristógito em Atenas."

Pois a ofensa e intensidade de tais réplicas não colhem nada de útil, assim como a grosseria e frivolidade não dão prazer; mas uma réplica desse tipo indica intemperança [68b] da língua combinada com malícia e arrogância, e não sem inimizade. Ao empregá-la, os homens acabam por causar sua própria destruição, pois estão simplesmente "dançando à beira do poço"[48]. Antifonte acabou sendo executado por ordem de Dionísio, e Timágenes perdeu a amizade de César[49], porque, embora ele nunca tenha se entregado a qualquer expressão nobre, nem mesmo em reuniões sociais e discussões, sem nenhum propósito sério, dizia *"o que quer que ele pensasse faria os argivos rirem"*[50] em todas as ocasiões possíveis, e evocava a amizade como uma desculpa ardilosa para o insulto.

É verdade que os poetas cômicos dirigiam ao seu público muitas repreensões severas e de valor para os cidadãos; mas a mistura de brincadeira e

---

48. Provérbio popular de Atenas para falar daqueles que tomam atitudes desastradas para si próprios.

49. Otávio César Augusto.

50. Homero, *Ilíada*, II, 215.

grosseria nesses homens citados acima, como um vil molho com comida, tornou sua franqueza ineficaz e inútil, de modo que não restou nada para os autores além de uma fama de malícia e grosseria, e nenhum proveito foi colhido pelos que ouviram suas palavras.

Em outras ocasiões, brincadeiras e [68c] risadas podem muito bem ser empregadas com amigos, mas a franqueza no discurso deve ter seriedade e caráter. Mas se se trata de assuntos de maior importância, que sejam tão evidentes o semblante sério e a voz séria que as palavras possam reivindicar credibilidade e tocar o coração, a falta de observação da ocasião adequada é extremamente prejudicial. Principalmente quando se trata de franqueza em meio ao vinho e seu abuso; é bastante claro que devemos estar em guarda contra qualquer coisa desse tipo. [68d] É como cobrir de nuvens de tempestade o bom tempo, quando em meio a risos e brincadeiras alguém inicia uma discussão que faz os outros franzirem a testa e definirem o rosto em linhas rígidas, como se o assunto fosse para combater o Libertador[51] que, como diz Píndaro, *"relaxa o laço das preocupações problemáticas"*.

Essa negligência da ocasião contém também um grande perigo. Pois as mentes dos homens são perigosamente inclinadas à raiva por causa do vinho, e muitas vezes a bebida pesada toma conta de sua franqueza e cria inimizade. E, em geral, não mostra um coração nobre ou forte, mas sim falta de masculinidade, para quem nunca mostra ousadia de falar quando está sóbrio para ser

---

51. Um dos epítetos de Dioniso. Em grego: Λυαῖος (*Lyaîos*), "aquele que liberta, libertador".

ousado à mesa, como é o caminho dos covardes. Não há, portanto, necessidade de multiplicar palavras sobre este assunto.

28

Há, de fato, [68e] muitos que não têm a segurança nem a coragem de advertir seus amigos quando estes estão prosperando, mas, ao contrário, sentem que a boa fortuna é totalmente inacessível e inexpugnável à advertência, ao passo que, quando um de seus amigos tomba e cai em aflição, eles o atacam e o golpeiam agora que ele está reduzido a uma posição subordinada e humilde, deixando cair sobre ele uma enxurrada de palavras francas, como uma correnteza que foi mantida em contenção não natural, e eles encontram um certo prazer nessa mudança por causa do antigo desdém de seu amigo e sua própria fraqueza; seria, portanto, bom discutir também este assunto, e responder a Eurípides quando ele diz: *"Quando o deus nos concede prosperidade, quem tem necessidade de amigos?"*[52] [68f] A resposta é que, com prosperidade, os homens precisam mais de amigos para falar com franqueza e reduzir seu excesso de orgulho. Pois há poucas pessoas que, em boa fortuna, ainda têm uma mente sensata; a maioria precisa de estímulos externos para fomentar a discrição e a razão, o que os reprimirá quando estiverem sobrecarregados e instáveis com os favores da fortuna. Mas quando o poder divino os derruba e tira sua importância, há nessas calamidades somente advertência suficien-

---

52. Eurípides, *Orestes*, 667.

te para o arrependimento. Portanto, em tal momento, não há utilidade para a franqueza de um amigo ou para palavras acusadoras de reprovação grave e séria; mas em tais turbulências verdadeiramente se torna [69a] *"doce olhar nos olhos de um homem gentil"*[53], quando ele oferece consolo e encorajamento. E isso foi verdade para Clearco, cujo olhar, segundo Xenofonte[54], tão gentil e benevolente em meio a batalhas e circunstâncias terríveis, fortaleceu a confiança dos homens diante do perigo.

Mas aquele que aplica franqueza no falar e repreensão a uma pessoa em infortúnio pode também aplicar algum estimulante de visão a um olho irritado e inflamado; ele não cura nem diminui a dor, mas apenas acrescenta [69b] ir-

---

53. Eurípides, *Íon*, 732.

54. Xenofonte, *Anábase*, 2.6.11.

ritação à dor e enerva o sofredor. Assim, nenhum homem de boa saúde, por exemplo, é ríspido ou feroz contra um amigo que o culpa por ceder às mulheres e ao vinho, ou por ser preguiçoso e negligenciar o exercício físico, ou por estar sempre nos banhos e banquetes fora de hora. Mas para um homem que está doente é intolerável, ou melhor, um agravamento da doença, que lhe digam: *"Veja só o que vem de sua intemperança, sua vida indolente, sua gula e das prostitutas"* e ele dirá: *"Que assunto inoportuno! Estou escrevendo meu testamento, os médicos estão me preparando uma dose de rícino ou escamônio, e você me vem com advertências e me repreende!"*

Portanto, sob tais condições, as próprias circunstâncias em que os desafortunados se encontram não deixam espaço para discursos francos e ditos sentenciosos, [69c] mas carecem de tato e auxílio. Quando as crianças caem, as enfermeiras não correm até elas para repreendê-las, mas as pegam, lavam e endireitam suas roupas e, depois de tudo isso feito, as repreendem e punem. Diz-se que quando Demétrio de Faléron foi banido de sua terra natal e estava vivendo uma vida anônima e modesta perto de Tebas, ele não ficou muito satisfeito ao ver Crates se aproximando, prevendo alguma franqueza cínica e linguagem áspera. Mas Crates o encontrou com toda gentileza e conversou com ele sobre o assunto do banimento, como não havia nada de ruim nisso, nem qualquer boa causa para sentir angústia, pois ele foi libertado de um cargo [69d] perigoso e inseguro; ao mesmo tempo, exortou-o a não desanimar consigo mesmo e com sua condição atual. Então Demétrio, ficando mais alegre e mais uma vez animado, disse a seus amigos: "Que pena que essas minhas atividades e ocupações me impediram de conhecer um homem como este!"

"Para quem está aflito, as palavras dos amigos são gentis, tanto como as admoestações o são para quem faz o papel de tolo."

Este é o caminho dos amigos nobres, mas os bajuladores ignóbeis e vis dos afortunados são *"como [69e] as velhas fraturas e entorses"*, que, como Demóstenes[55] diz, *"se agitam novamente sempre que o corpo sofre alguma doença"*, e assim essas pessoas são atraídas pelas adversidades, como se estivessem satisfeitas com elas e delas tirassem prazer. Pois se um homem realmente precisa de um

---

55. Demóstenes, *Da coroa*, 198.

lembrete de onde ele sofreu por seguir seu próprio conselho imprudente, bastam as palavras:

> *"Nunca aprovei essa decisão; na verdade, muitas vezes falei contra ela"[56].*

56. Homero, *Ilíada*, IX, 108. Palavras de Nestor a Agamenon, condenando-o pela decisão de arrancar Briseida de Aquiles.

29

Em que circunstâncias, então, um amigo deve ser severo, e quando ele deve ser enfático ao usar um discurso franco? É quando as ocasiões exigem que ele impeça o curso precipitado do prazer [69f] ou da raiva ou da arrogância, ou que acalme a avareza ou abata a imprudência. Tal foi a franqueza de Sólon para com Creso, que tinha sido corrompido e mimado pela fortuna inconstante, quando lhe pediu que previsse o seu o fim. Dessa maneira, Sócrates tentou manter Alcibíades sob controle, e tirou uma lágrima honesta de seus olhos expondo suas falhas, e assim transformou o seu coração. Tal também foi a conduta de Ciro em relação a Ciaxares, e de Platão em relação a Díon no momento em que este estava no auge de seu esplendor e atraiu os olhos de toda a humanidade para si pela beleza e magnificência de suas obras, quando Platão exortou-o a estar em guarda contra [70a] *"o orgulho em si próprio"* e a temê-lo, *"já que ele é companheiro da solidão"*[57]. Espeusipo também escreveu a Díon, não para se sentir orgulhoso se se falasse muito dele entre crianças e mulheres, mas para fazer com que, adornando a Sicília com piedade, justiça e as melhores leis, ele deveria "trazer reconhecimento e fama" para a Academia.

---

57. Platão, *Cartas*, IV 321 C.

Todavia, por outro lado, Eucto e Euleu, companheiros de Perseu enquanto durou sua boa fortuna, sempre se comportaram de modo a agradá-lo, e obedeceram ao seu humor, e como todos os outros seguiram onde ele os conduzia; mas quando, após seu desastroso encontro com os romanos, em Pidna, ele se pôs em fuga, esses homens o cercaram com amargas censuras e continuamente o lembraram de seus erros e omissões, acusando-o por tudo o que havia feito, até que o homem, atormentado [70b] por conta da dor e da raiva, esfaqueou-os com sua adaga e acabou com os dois.

30

Portanto, que isso sirva, de um modo geral, para definir a ocasião apropriada. Porém, o amigo que se preocupa com seus amigos não deve deixar escapar as ocasiões que eles mesmos frequentemente apresentam, mas deve aproveitá-las. Pois, às vezes, uma pergunta, uma história, uma crítica, um elogio, ou coisas semelhantes em outras pessoas, podem servir como abertura para um discurso cheio de franqueza.

Por exemplo, conta-se que Demarato foi até a Macedônia durante o tempo em que Filipe estava em desacordo com sua esposa [70c] e filho. Filipe, depois de cumprimentá-lo, perguntou se os gregos estavam em harmonia; e Demarato, que o conhecia bem e o desejava bem, disse: "*É uma coisa gloriosa para você, Filipe, estar perguntando sobre a concórdia entre atenienses e peloponesos, enquanto você deixa sua própria casa estar cheia de todas essas disputas e dissensão!*" Excelente, também, foi a réplica de Diógenes na ocasião em que ele entrou no acampamento de Filipe e foi levado perante o próprio Filipe, no momento em que Filipe estava a caminho de lutar contra os gregos. Sem saber quem era Diógenes, Filipe perguntou se ele era um espião. "*Sim, absolutamente, Filipe*", ele respondeu, "*estou aqui para espionar sua insensata loucura, [70d] por causa da qual você, sem nenhuma razão convincente, está em seu caminho para arriscar um reino e sua vida no resultado de um uma única hora.*" Isso talvez tenha sido demasiado severo.

31

Todavia, outra oportunidade de advertência surge quando as pessoas, tendo sido injuriadas por outros por seus erros, se tornam submissas e deprimidas. O homem guarnecido fará um bom uso disso, repelindo e dispersando os caluniadores, e pegando seu amigo em particular e lembrando-lhe que, se não houver outra razão para estar atento, ele deve pelo menos tentar impedir seus inimigos de serem ousados.

"Pois onde esses homens têm a chance de abrir a boca, ou o que

*eles podem dizer contra você, se você
descartar e rejeitar [70e] tudo o que
lhe causa uma má fama?"*

Dessa maneira, quem insulta é acusado de ferir, e quem adverte presta um serviço. Mas algumas pessoas censuram mais habilmente através de falhas dirigidas a terceiros; pois assim acusam os outros do que sabem que seus próprios conhecidos estão fazendo. Meu professor, Amônio, em uma palestra vespertina, percebeu que alguns de seus alunos haviam comido uma refeição nada moderada, e então ele ordenou que um liberto castigasse seu próprio servo, explicando que *"aquele menino não pode almoçar sem seu vinho!"* Ao mesmo tempo, ele olhou para nós, de modo que a repreensão tomou conta dos culpados.

32

Além disso, devemos ter muito cuidado com o uso do discurso franco com um amigo na presença de muitos, tendo em mente o incidente [70f] em que Platão esteve envolvido. Aconteceu que Sócrates havia tratado um de seus conhecidos com bastante severidade em uma conversa que ocorreu à mesa, ao que Platão disse:

"Não seria melhor que tivesse sido dito essas coisas para ele em particular?"

E Sócrates respondeu-lhe:

"E você não teria feito melhor se tivesse endereçado sua observação a mim em particular?"

Da mesma maneira, quando Pitágoras, certa vez, atacou um discípulo devoto bastante grosseiramente na presença de várias pessoas, o jovem, segundo a história, se enforcou, e desde então Pitágoras nunca advertiu ninguém na presença de outra pessoa.

O erro, de fato, deve ser tratado como uma doença repugnante, e toda advertência e exposição de uma falta deve ser feita em segredo, sem nada de manifestação pública ou exibição para atrair uma multidão de testemunhas e espectadores. [71a] Pois não é próprio de um amigo buscar a glória nas faltas de outros homens e fazer um espetáculo diante dos presentes, isso é coisa de sofista, como os médicos que realizam operações nos teatros com o objetivo de atrair pacientes. Nunca devem ser permitidas, em qualquer tratamento corretivo, presenças alheias, exceto na cura do orgulho, no qual se deve observar a rivalidade e a presunção que pertencem a esse vício; pois não basta dizer, como disse Eurípides, que *"o amor repreendido cresce com mais urgência"*, [71b] mas se a advertência for feita em público, e impiedosamente, apenas confirma toda e qualquer emoção mórbida em sua falta de vergonha.

Portanto, assim como Platão[58] insiste que os homens idosos que estão tentando cultivar um senso de respeito entre os jovens devem, antes de tudo,

---

58. Platão, *Leis*, 729 C.

mostrar respeito pelos jovens, assim, entre os amigos, uma franqueza modesta é o maior incentivo para a modéstia, e uma aproximação em silêncio e cautelosa, associada ao abordar e o tratar das faltas, mina os fundamentos de seu vício e os aniquila, pois gradualmente se torna imbuído de consideração que lhe é demonstrada. Segue-se, então, que a melhor forma é *"aproximar a cabeça bem perto, para que os outros não ouçam"*[59].

[71c] Também é muito menos decente expor um marido na presença de sua esposa, e um pai na presença de seus filhos, e um amante na presença de sua amada, ou um professor na presença de seus alunos: pois as pessoas ficam quase loucas de desgosto e raiva por serem repreendidas diante daque-

---

59. Homero, *Odisseia I*, 157.

les com quem sentem que é necessário estar bem.

Imagino também que não foi tanto o vinho que fez Clito ser tão irritante para Alexandre, mas porque ele deu a impressão de tentar humilhá-lo diante de muitos. E Aristómenes, mestre de Ptolomeu, porque deu uma bofetada em Ptolomeu para acordá-lo, pois balançava a cabeça enquanto uma embaixada estava presente; [71d] isso deu uma oportunidade aos bajuladores, que fingiram estar indignados em nome do rei, e disseram: "*Se com todas as suas tarefas fatigantes e insônias você caiu, devemos adverti-lo em particular, para não colocar as mãos em você diante de tantas pessoas*"; e Ptolomeu enviou um cálice de veneno com ordens que Aristómenes o bebesse. Assim, também, Aristófanes diz que Cléon o acusou por "*na presença de es-*

trangeiros, ele insultar a pólis"[60], tentando assim irritar os atenienses contra ele.

Este erro, portanto, juntamente com os outros, deve ser evitado por aqueles que desejam, não se exibir ou ganhar popularidade, mas empregar a fala franca de maneira benéfica e salutar. [71e] As pessoas que falam francamente devem ser capazes de dizer o que Tucídides disse quando colocou os coríntios a dizer sobre si mesmos que eles *têm um bom direito de repreender os outros*"[61] — o que não é uma má maneira de colocar isso. Pois como Lisandro, ao que parece, disse ao homem de Mégara, que no conselho dos aliados ousava falar pela Grécia, que suas palavras precisavam de um país para apoiá-las; assim, pode ser que a fala franca de todo homem pre-

---

60. Aristófanes, *Acarnenses*, 503.

61. Tucídides, I, 70.

cise ser apoiada pelo caráter, mas isso é especialmente verdadeiro no caso daqueles que advertem os outros e tentam inspirar prudência. Platão, desta forma, costumava dizer que ele advertiu Espeusipo com sua conduta de vida, pois, com certeza, a mera visão de Xenócrates na sala de aula, e um olhar dele, converteu Pólemon e transformou-o. [71f] Mas o discurso de um homem leviano e de caráter mesquinho, quando se compromete a lidar com franqueza, resulta apenas em evocar a réplica de *"querer curar os outros, cheios de feridas!"*

33

Como, porém, as circunstâncias, muitas vezes, impelem homens corruptos a usar de advertência quando em companhia de outros que não são melhores do que eles, o método mais razoável seria aquele que de algum modo envolve e inclui na acusação o próprio orador. Este é o princípio da reprovação *"filho de Tideu, o que nos fez esquecer nossa proeza rápida?"*[62] [72a] e *"agora não*

---

62. Homero, *Ilíada*, XI, 313.

somos páreo nem para Heitor, que é apenas um único homem"[63].

Sócrates também repreendeu silenciosamente os jovens, não supondo que ele próprio estivesse isento da ignorância, mas sentindo que tinha necessidade, tanto quanto eles, de estudar a virtude e buscar a verdade. É que assim, aqueles conquistadores de boa vontade e confiança dão a impressão de que, embora viciados nas mesmas falhas, estão corrigindo seus amigos exatamente como corrigem a si mesmos. Mas o homem que se permite tentar censurar o outro como se ele próprio fosse um ser puro e impassível, a menos que seja de idade avançada ou possua uma posição reconhecida [72b] em virtude e reputação, apenas parece chato e tedioso, e não aproveita nada dessa situação. Por-

---

63. Homero, *Ilíada*, VIII, 234.

tanto, não foi sem propósito que Fênix interveio o relato de seus próprios infortúnios: sua tentativa, em um ataque de raiva, de matar seu pai e sua súbita mudança de pensamento, *"para que eu não seja conhecido entre os gregos como o matador de meu pai"*[64]. Isso ele fez porque não parecia advertir Aquiles, como se não fosse afetado pela raiva e sem culpa.

Tais coisas causam uma profunda impressão moral, e as pessoas estão mais acostumadas a ceder àqueles que parecem ter emoções semelhantes, mas nenhum sentimento de desprezo. [72c] Uma vez que uma luz brilhante não deve se aproximar de um olho inflamado, e um espírito perturbado também não suporta falar francamente e repreender sem rodeios, entre as ajudas mais úteis

---

64. Homero, *Ilíada*, IX, 461.

e benéficas está uma leve mistura de elogios, como nos seguintes versos:

Já não fica bem que seja negligente
em destreza rápida,
Você que é o melhor em nosso
exército. Não há motivo para briga.
Sou contra qualquer homem que
desiste da luta,
Por ser covarde; mas com você estou
indignado além da medida[65].

e:

Pândaro, onde está agora seu arco e
suas flechas aladas?
Onde está sua reputação que

---

65. Homero, *Ilíada*, XIII, 116-119.

nenhum homem entre nós pode
rivalizar?[66]

Linhas como as seguintes também soam como um incentivo claro para os homens que estão prestes a ceder:

"Onde está Édipo e todos aqueles enigmas famosos?"[67]

e:

"Pode o tão duradouro Héracles falar assim, que sofreu tanto?"[68]

[72d] Pois não apenas atenuam o tom severo e humilhante da censura, mas também despertam no homem o desejo de imitar seu melhor eu, já que

---

66. Homero, *Ilíada*, V, 171.

67. Eurípides, *Fenícias*, 1688.

68. Eurípides, *Héracles furioso*, 1250.

ele se envergonha de uma conduta vexaminosa ao ser lembrado de suas ações honrosas, e é incitado a olhar para si mesmo como um exemplo do que é melhor. Mas sempre que fazemos comparações com outras pessoas, como, por exemplo, com os da mesma idade, ou seus concidadãos, ou seus parentes, então o espírito de rivalidade que é próprio do vício acende o desgosto e a ira, e muitas vezes sugere com certa raiva o seguinte: *"Então por que você não vai para meus superiores e para de me incomodar?"*

Portanto, é melhor que as pessoas estejam em guarda quanto a demonstrações de franqueza diante de qualquer um, com a única exceção, por Zeus, dos pais. Por exemplo, Agamenon [72e] pode dizer:

"O filho de Tideu não é muito parecido com seu pai"[69].

E assim, também, Odisseu, em *Os círios*:

"Você, para envergonhar a glória de sua raça, está fiando lã, cujo pai era o mais nobre dos gregos?"

---

69. Homero, *Ilíada*, V, 800.

34

O menos conveniente é responder a advertência com advertência, e contrariar o falar franco com o falar franco. Pois isso incendeia instantaneamente o espírito e causa estranhamento, e tal alteração, por via de regra, desrespeita, não o homem que apenas recompensa a franqueza com franqueza, mas o homem que não [72f] pode tolerar a franqueza. É melhor, portanto, suportar pacientemente um amigo que pensa estar advertindo; pois se mais tarde ele se enganar e exigir advertência, esse mesmo fato, de certa forma, dá ao nosso falar franco a chance de falar com franqueza. Se ele for gentilmente lembrado, sem qualquer demonstração de ressentimento, que ele mesmo não tem o hábito de ignorar os erros de seus amigos, mas de repreender seus amigos e esclarecê-los, ele estará muito mais inclinado a ceder e aceitar as correções, como sendo uma forma de retribuir um sentimento gentil e gracioso, e não encontrar falhas ou raiva.

35

[73a] Além disso, Tucídides diz:

"Quem incorre em impopularidade
sobre assuntos da mais alta
importância, mostra um julgamento
correto"[70].

Portanto, é dever de um amigo aceitar o ódio que advém da advertência
em assuntos importantes e de grande
preocupação. Mas se ele está sempre

---

70. *Tucídides*, II, 64

discutindo sobre todos e sobre tudo, e se aproxima de seu conhecido não como um amigo, mas como um professor, suas advertências perderão sua força e eficácia em assuntos da mais alta importância, [73b] pois, como um médico que distribui seu suprimento de um remédio forte ou amargo, mas necessário e caro, prescrevendo-o em um grande número de casos leves em que não é necessário, ele terá usado seu suprimento de franqueza sem obter nenhum resultado.

Ele estará, portanto, seriamente em guarda contra a censura contínua em si mesmo; e se outra pessoa está apta a encontrar de forma minuciosa faltas em tudo, e mantém um comentário contínuo de acusações mesquinhas, isso lhe dará um pretexto, por assim dizer, para iniciar um ataque às falhas que são mais importantes.

O médico Filótimo, certa vez, quando um homem com um fígado ulcerado lhe mostrou o dedo ferido, disse: "*Meu amigo, você não precisa se preocupar com um dedo dolorido*". A ocasião dá a um amigo a chance de dizer ao homem cujas acusações se baseiam em coisas sem importância real: "*Por que insistir em atividades lúdicas, convívio e bobagens? [73c] Deixe este homem, meu amigo, mas livre-se da mulher que ele mantém, ou pare de jogar, e aí temos um homem admirável em tudo o mais*".

De fato, o homem que recebe compreensão nos assuntos pequenos é capaz de falar francamente em relação aos maiores. Mas o homem que sempre pressiona, em toda circunstância estando azedo e desagradável, percebendo tudo e querendo fazer disso sua preocupação, não é apenas intolerável para os filhos e irmãos, mas é insuportável até mesmo para os escravos.

36

Uma vez que, citando Eurípides, *"nem tudo relacionado à velhice é ruim"*[71], e o mesmo vale também para as amizades medíocres, devemos vigiar de perto nossos amigos, não apenas quando eles erram, mas também quando eles estão certos e, por Zeus, o primeiro passo deve ser elogios [73d] alegremente concedidos. Então, mais tarde, assim como o ferro se torna compacto pelo resfriamento, e adquire

---

71. Eurípides, *Fenícias*, 528.

um temperamento como resultado de ter sido primeiro relaxado e amolecido pelo calor, assim, quando nossos amigos se amolecem e aquecem por nossos elogios, devemos dar-lhes uma aplicação de franqueza, como um banho temperador. Pois a ocasião certa nos dá a chance de dizer:

"Essa conduta é digna de ser comparada com aquela? Você vê que frutos a honra produz? Isto é o que nós, seus amigos, exigimos; isso convém ao seu próprio caráter; a natureza te destinou para isso. Mas esses outros estímulos devem ser exorcizados 'para a montanha ou então para a onda do oceano barulhento'" [72].

---

72. Homero, *Ilíada*, VI, 347.

Assim como um médico de bom coração preferiria aliviar a doença de um homem doente com sono e dieta, em vez de rícino e escamônio, um amigo bondoso, um bom pai e um professor têm prazer em usar elogios em vez de culpar pela correção de caráter. [73e] Pois nada mais faz com que a pessoa franca sofra tão pouca dor e faça tanto bem por suas palavras, como abster-se de toda demonstração de temperamento e abordar o errante com bom humor e bondade. Por isso, não devem ser refutados com veemência quando negam algo, nem impedidos de se defenderem; mas devemos, de uma maneira ou de outra, ajudá-los a desenvolver algumas desculpas apresentáveis e, repudiando o pior motivo, fornecer nós mesmos mais uma tolerável, como se encontra nas palavras de Heitor a seu irmão: *"Homem estranho! Não é certo ali-*

mentar esta ira em seu peito "[73], [73f] como se sua retirada do combate não fosse deserção ou covardia, mas apenas uma demonstração de ira. E igualmente Nestor a Agamenon: *"Mas você deu lugar ao seu espírito nobre"*[74].

Pois um tom moral mais elevado, penso eu, há nas expressões como *"você agiu de maneira imprópria"* em vez de *"você fez algo errado"*, e *"você foi inadvertido"* em vez de *"você foi ignorante"* e *"não se zangue com seu irmão"* em vez de *"não tenha inveja [74a] de seu irmão"* e *"afaste-se da mulher que está tentando arruiná-lo"* em vez de *"pare de tentar arruinar a mulher"*.

Tal é o método que a franqueza procura adotar quando reclama um malfeitor; mas para levar um homem à

---

73. Homero, *Ilíada*, VI, 326.

74. Homero, *Ilíada*, IX, 109.

ação, tenta o método oposto. Por exemplo, sempre que se torna necessário desviar pessoas que estão a ponto de errar, ou quando damos um impulso sincero àqueles que estão tentando se posicionar contra o início de um impulso adverso violento, ou que estão bastante sem energia e espírito para o que é nobre, devemos nos virar e atribuir sua ação a alguns motivos não naturais ou impróprios. Foi assim que Odisseu, como Sófocles o representa, ao tentar despertar o espírito de Aquiles, diz que Aquiles não está zangado por causa da refeição, [74b] mas *já à vista das muralhas de Troia, você está com medo.*" E, novamente, quando Aquiles fica extremamente indignado com isso, e diz que ele deve partir, Odisseu diz: *"Eu sei do que você foge; não é de má reputação, mas Heitor está perto; não é bom ficar."*

Assim, ao alarmar o homem espirituoso e viril com uma imputação de covardia, o moderado e disciplinado com uma imputação de licenciosidade, o liberal e nobre com uma imputação de mesquinhez e ganância, eles dão a essas pessoas um impulso para o que é nobre e se voltam afastando-os do que é vergonhoso, mostrando-se moderados em assuntos variados, [74c] e reconhecendo mais tristeza e simpatia do que culpa em seu falar franco; mas nos esforços para evitar o cometimento do erro, e em qualquer luta com as emoções, eles são severos, inexoráveis e incessantes. Pois este é o momento certo para uma boa vontade resoluta e uma franqueza genuína.

A culpa por ações passadas é uma arma que vemos os inimigos usando uns contra os outros. Com o que se confirma o ditado de Diógenes que, por uma questão de autopreservação, um homem precisa ser suprido de bons amigos ou então de inimigos fogosos; pois os primeiros o instruem, e os últimos o repreendem. Mas é melhor, de fato, se precaver contra os erros seguindo o conselho dado do que se arrepender dos erros [74d] por causa da censura dos homens. Por isso é preciso tratar a franqueza como uma bela arte, pois é o maior e mais potente remédio da amizade, necessitando sempre, porém, de todo cuidado para acertar na ocasião, e controlar com moderação.

37

Portanto, como já foi dito, a franqueza, por sua própria natureza, muitas vezes é dolorosa para a pessoa a quem é aplicada, é preciso seguir o exemplo dos médicos; pois eles, em uma operação cirúrgica, não abandonam a parte operada ao sofrimento e à dor, mas a tratam com unguentos e fomentos calmantes; nem as pessoas que usam a advertência com habilidade simplesmente aplicam sua amargura e ferroada, e depois fogem; [74e] mas por mais conversas e palavras gentis elas acalmam e avivam, assim como os escultores que alisam e dão polimento às porções de estátuas que foram previamente marteladas e cinzeladas.

Mas o homem que foi duramente atingido e marcado pela franqueza, se for abandonado ao sofrimento, inchado e fora de si devido ao efeito da raiva, não responderá prontamente a um apelo na próxima vez, ou suportará tentativas de acalmá-lo. Portanto, aqueles que empregam a advertência devem estar particularmente atentos a esse respeito, e não ir embora cedo demais, nem permitir que nada doloroso e irritante para seus conhecidos seja o tópico final da conversa em um diálogo.

Vozes de Bolso

- *Assim falava Zaratustra* – Friedrich Nietzsche
- *O príncipe* – Nicolau Maquiavel
- *Confissões* – Santo Agostinho
- *Brasil: nunca mais* – Mitra Arquidiocesana de São Paulo
- *A arte da guerra* – Sun Tzu
- *O conceito de angústia* – Søren Aabye Kierkegaard
- *Manifesto do Partido Comunista* – Friedrich Engels e Karl Marx
- *Imitação de Cristo* – Tomás de Kempis
- *O homem à procura de si mesmo* – Rollo May
- *O existencialismo é um humanismo* – Jean-Paul Sartre
- *Além do bem e do mal* – Friedrich Nietzsche
- *O abolicionismo* – Joaquim Nabuco
- *Filoteia* – São Francisco de Sales
- *Jesus Cristo Libertador* – Leonardo Boff
- *A Cidade de Deus* – Parte I – Santo Agostinho
- *A Cidade de Deus* – Parte II – Santo Agostinho
- *O conceito de ironia constantemente referido a Sócrates* – Søren Aabye Kierkegaard
- *Tratado sobre a clemência* – Sêneca
- *O ente e a essência* – Santo Tomás de Aquino
- *Sobre a potencialidade da alma* – De quantitate animae – Santo Agostinho
- *Sobre a vida feliz* – Santo Agostinho
- *Contra os acadêmicos* – Santo Agostinho
- *A Cidade do Sol* – Tommaso Campanella
- *Crepúsculo dos ídolos ou Como se filosofa com o martelo* – Friedrich Nietzsche
- *A essência da filosofia* – Wilhelm Dilthey
- *Elogio da loucura* – Erasmo de Roterdã
- *Utopia* – Thomas Morus
- *Do contrato social* – Jean-Jacques Rousseau
- *Discurso sobre a economia política* – Jean-Jacques Rousseau
- *Vontade de potência* – Friedrich Nietzsche
- *A genealogia da moral* – Friedrich Nietzsche
- *O banquete* – Platão
- *Os pensadores originários* – Anaximandro, Parmênides, Heráclito
- *A arte de ter razão* – Arthur Schopenhauer
- *Discurso sobre o método* – René Descartes
- *Que é isto – A filosofia?* – Martin Heidegger
- *Identidade e diferença* – Martin Heidegger
- *Sobre a mentira* – Santo Agostinho
- *Da arte da guerra* – Nicolau Maquiavel
- *Os direitos do homem* – Thomas Paine
- *Sobre a liberdade* – John Stuart Mill
- *Defensor menor* – Marsílio de Pádua
- *Tratado sobre o regime e o governo da cidade de Florença* – J. Savonarola
- *Primeiros princípios metafísicos da Doutrina do Direito* – Immanuel Kant
- *Carta sobre a tolerância* – John Locke
- *A desobediência civil* – Henry David Thoureau
- *A ideologia alemã* – Karl Marx e Friedrich Engels
- *O conspirador* – Nicolau Maquiavel
- *Discurso de metafísica* – Gottfried Wilhelm Leibniz
- *Segundo tratado sobre o governo civil e outros escritos* – John Locke
- *Miséria da filosofia* – Karl Marx
- *Escritos seletos* – Martinho Lutero
- *Escritos seletos* – João Calvino
- *Que é a literatura?* – Jean-Paul Sartre
- *Dos delitos e das penas* – Cesare Beccaria
- *O anticristo* – Friedrich Nietzsche
- *À paz perpétua* – Immanuel Kant
- *A ética protestante e o espírito do capitalismo* – Max Weber
- *Apologia de Sócrates* – Platão
- *Da república* – Cícero
- *O socialismo humanista* – Che Guevara
- *Da alma* – Aristóteles
- *Heróis e maravilhas* – Jacques Le Goff
- *Breve tratado sobre Deus, o ser humano e sua felicidade* – Baruch de Espinosa
- *Sobre a brevidade da vida & Sobre o ócio* – Sêneca
- *A sujeição das mulheres* – John Stuart Mill
- *Viagem ao Brasil* – Hans Staden
- *Sobre a prudência* – Santo Tomás de Aquino
- *Discurso sobre a origem e os fundamentos da desigualdade entre os homens* – Jean-Jacques Rousseau
- *Cândido, ou o otimismo* – Voltaire
- *Fédon* – Platão
- *Sobre como lidar consigo mesmo* – Arthur Schopenhauer
- *O discurso da servidão ou O contra um* – Étienne de La Boétie
- *Retórica* – Aristóteles
- *Manuscritos econômico-filosóficos* – Karl Marx
- *Sobre a tranquilidade da alma* – Sêneca
- *Uma investigação sobre o entendimento humano* – David Hume
- *Meditações metafísicas* – René Descartes
- *Política* – Aristóteles
- *As paixões da alma* – René Descartes
- *Ecce homo* – Friedrich Nietzsche
- *A arte da prudência* – Baltasar Gracián
- *Como distinguir um bajulador de um amigo* – Plutarco
- *Como tirar proveito dos seus inimigos* – Plutarco

Conecte-se conosco:

f facebook.com/editoravozes

⊙ @editoravozes

▼ @editora_vozes

▶ youtube.com/editoravozes

◯ +55 24 2233-9033

www.vozes.com.br

Conheça nossas lojas:

www.livrariavozes.com.br

Belo Horizonte – Brasília – Campinas – Cuiabá – Curitiba
Fortaleza – Juiz de Fora – Petrópolis – Recife – São Paulo

EDITORA VOZES LTDA.
Rua Frei Luís, 100 – Centro – Cep 25689-900 – Petrópolis, RJ
Tel.: (24) 2233-9000 – E-mail: vendas@vozes.com.br